Je ne lui ai pas dit au revoir

Des enfants de déportés parlent

# 私はさよならを言わなかった

## ホロコーストの子供たちは語る

クロディーヌ・ヴェグ［著］

矢野 卓［訳］

吉田書店

Claudine VEGH

"Je ne lui ai pas dit au revoir. Des enfants de déportés parlent"
Entretiens avec Claudine Vegh, Postface de Bruno Bettelheim



This book is published in Japan
by arrangement with Éditions Gallimard,
through le Bureau des Copyrights Français, Tokyo.

本書は、在日フランス大使館の翻訳出版助成金を受給しております。

AMBASSADE
DE FRANCE
AU JAPON
*Liberté*
*Égalité*
*Fraternité*

# 私はさよならを言わなかった――ホロコーストの子供たちは語る

目次

# 凡例

一、原著者による注（原注）と訳注は、番号を付し、見開きの左側ページ末に置いた。注の種類はそれぞれ末尾で示した。
一、原著では、原著者が作成した「関連年表」は「序文」の前に置かれていたが、本書では「訳者あとがき」の後ろに移した。
一、原著者による「関連年表」を明示した原注は、原著では各ページの脚注に置かれていたが、〔 〕の内に入れて、本文中に移した。
一、本文中の（ ）はすべて原著者による。
一、原著者による強調箇所は傍点を付した。
一、原著に見られる明らかな誤謬と思われる箇所は、訳者が改めた。

クロディーヌ・ヴェグは、児童精神医学者である。

この本に収録されている対談は、一九七六年に審査を受けた精神医学の「学位論文」の一部である。論文で「話した」者たちが対談を公表することを承諾し、まさに希望するまで、三年近くの時間を必要とした。

「かくまわれていた子供たち」と呼ばれていた人たちは、これらの証言のおかげで新たな生の道を見出した。

生きるために、または死ぬために、
あるユダヤ人の父親は、
救われた子供の行く末を今すぐに知りたかった。

ジークムント・フロイト

わたしの子供たち
エリックとマガリへ

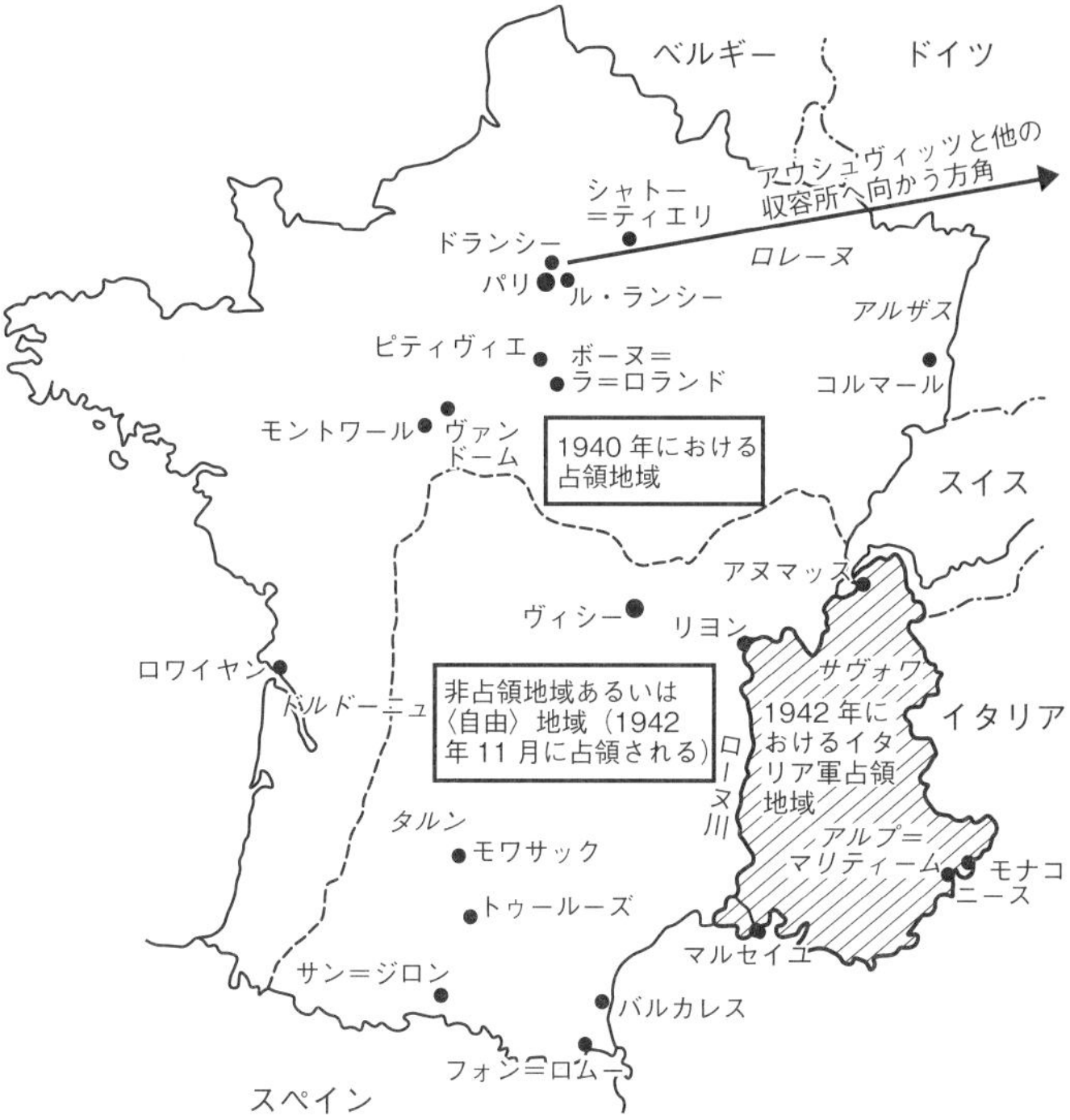
ベルギー
ドイツ
アウシュヴィッツと他の
収容所へ向かう方角
シャトー
＝ティエリ
ドランシー
パリ
ル・ランシー
ロレーヌ
アルザス
ピティヴィエ
ボーヌ＝
ラ＝ロランド
コルマール
モントワール
ヴァン
ドーム
1940 年における
占領地域
スイス
アヌマッス
ヴィシー
リヨン
ロワイヤン
サヴォワ
非占領地域あるいは
〈自由〉地域（1942
年 11 月に占領される）
ドルドーニュ
1942 年に
おけるイタ
リア軍占領
地域
イタリア
ローヌ川
タルン
モワサック
アルプ＝
マリティーム
モナコ
ニース
トゥールーズ
マルセイユ
サン＝ジロン
バルカレス
フォン＝ロムー
スペイン

本書で言及されている地名

# 序文

クロディーヌ・ヴェグ

どうして、対談をしたのか？　そのきっかけは、精神医学の専攻を終わらせるために、わたしは大学に研究を提出しなければならなかったからだった。「学位論文《メモワール》」というものである。六か月以上も、わたしは大学に提出した論文とは、まるで異なる研究テーマに取り組んでいた。

ある日曜日の朝、モーリスというわたしの娘の友達は、オルネー＝スー＝ボワにある小さなシナゴーグでバル・ミツバ(1)を行った。

宗教儀式が始まると、すぐにモーリスのお母さんは顔を手で覆いながら、身を縮ませた。モーリスは熱心に歌っていた。けれども彼は、泣きじゃくっているお母さんをじっと見つめていた……。モーリスの視線には、とても理解できないという彼の気持ちが浮かび、そこには、気が動転した悲

(1) ユダヤ教の聖体拝領〔原注〕。／ユダヤ人男子が一三歳の時に行うユダヤ教の成人式。ユダヤ教では、この年齢から精神的な成熟や自分の行動責任を自覚するように促される。バル・ミツバを行う者は、シナゴーグで「トーラー」の数節を読み、祝福を口にし、預言者の章節を朗読する〔訳注〕。

しみが混ざり合っていた。

すぐ脇にいたチュニジア生まれの女性が、繰り返しわたしに言った。「わからないわ……。きょうは母親が子供をとても誇りして、しあわせを味わう日でしょう……。何があったのかしら……。お祝いの日なのに！」

わたしは、モーリスのお母さんの気持ちがわかった。いまからちょうど一年前、まさにこのシナゴーグで、わたしの息子もたんに「タリス」[2]を着用しただけだった。だがこの時、父の記憶は、どんなにわたしを苦しみで満たしたことか。わたしにとっても、モーリスのバル・ミツバはお祝いの日ではなく、むしろつらい過去と結びつくことや、先に息子が受け取ったような、ある種の希望の光として経験されたのである。

ユダヤ人であることは、とても難しい。すべてに逆らって、ユダヤ人であり続けようとするなら、ちょうどわたしのようにユダヤ教を実践していない者でも、信者でもない者にとって、それはときに異常なことのように思われる。しかし、ユダヤ人であることを拒否してしまったら、心のどこかでもう生きていけなくなると感じることになるだろう。わたしのふたりの子供たちが、進んでバル・ミツバを求めたことは、わたしの心のなかにある深い傷を癒やした。けれども、どのようにして癒やされたのか、わたしにはよくわからなかった。

その日の朝、わたしは生き延びたユダヤ人の子供たちが送ってきた過去の真相を無性に解き明かしたくなった。三五年ものあいだ、彼らはどのような奇跡によって生き続け、また何をするために、生きていると思っているのだろう。わたしはナチスの迫害を逃れてから、生命がもう一度、わたしに「与えられた」と感じ続けている。

　わたしはこの生命を受けるのにふさわしく、生き続ける資格があることを示さなければならない。わたしの生命は、もはやわたしだけのものではない。いわば、わたしは誰かの身代わりとして生きている。


　一九四二年のことである。両親はわたしを連れて、とあるピレネーの村に避難していた。ベルギー生まれのユダヤ人の家族が、わたしたちよりも先にその村に住んでいた。わたしの友達だったレジーヌは、家族にいた四人の子供たちのなかでも一番に幼かった。ある日の早朝、フランス人の警官たちが彼らを捜しに来た。レジーヌのお母さんは、身支度を少し整えた。一台の長距離バスがレジーヌの一家を待っていた。

　バスがわたしたちの家の前を通り過ぎた時、レジーヌはわたしにさよならを言うために、五分だけバスを停めてちょうだい、と運転手にお願いした。バスが停まった。レジーヌはわたしの家に上がった。その時、わたしの父が彼女を迎えに行ったのを憶えている。父は、運転手がレジーヌを家に上げるのを許したなら、きっと彼女がいなくても、バスを再び出発させてくれると思っていたの

（2）男性が宗教儀式に際して着用する肩掛け〔原注〕。

だろうか？　だが、わたしの家にレジーヌを残すことを断ったのは、他でもなく彼女のお母さんだった。レジーヌを預けるのはとても難しいわ、と彼女が言った。なぜなら、レジーヌは一度も家族のもとを離れたことがなかったからだ。バスが再び走りだした。レジーヌの家族たちは全員、強制収容所に送られた。そこから戻ってきた者は、家族のなかで誰もいなかった。

戦争が終わると、わたしと母はユダヤ系の新聞に掲載されている広告を読んだ。ある親族の人が家族写真を新聞に公表していた。その人は、自分の家族の成員と面識があった人と知り合いになりたがっていた。母は写真の公表者に手紙を書いた。彼は自分の家族について話すために、ベルギーからどうしても訪問したいと言ってきた。

レジーヌが出発した日、両親はピレネーの村を立ち去ろうと決意した。もっと大きな街にいれば、発覚はもう少し遅れるのではないか？　わたしたちはアリエージュ県にあるサン＝ジロンに着いた。父はふたつの住宅のうち、どちらを借りればいいのか迷っていた。彼は最後に訪問した家に決めた。父が言うには、そこを案内してくれた女性はとても親切な人で、それに彼女はこの住宅の隣に住んでいたからだ。父の判断は正しかった。この女性と彼女の夫は、わたしの代母と代父になってくれた。このふたりこそ、わたしを二年以上もかくまってくれたのである。

ある朝、フランス人の捜査官たちがわたしの両親に通告するためにやって来た。彼らはわたしたちをある特殊な住居地に連れて行くために、ここに再び戻ってくるそうだ……。その後、代父は彼が支店長を務めていたクレディ・リヨネ銀行から大きな荷台を持ってこさせると、それを自転車の後ろにつなげて引っ張ってきた。わたしの両親は、三〇分くらい荷台に身を潜めた。わたしもそこに入ったが、荷台の隙間はあまりに狭かった。代母は思わず、両親に勧めた。「クロディーヌをわたしたちに預けて。この娘は足手まといになるわ。わたしたちには子供がいないの。子供がいれば嬉しいわ。クロディーヌはわたしたちの娘になるから。信じてちょうだい」

わたしは恐怖でおののいた。わたしは両親が逮捕されないまま、すぐに出発してくれることだけを願っていた。わたしはふたりに言った。「早く行って、早く行ってよ。わたしはここに残るから」。代母と代父はわたしを「神様からの贈り物」と呼んでくれたのを何度も耳にした。わたしはどんなにふたりから大切にされていたのだろう！　両親はトゥールーズと、それからグルノーブル地方で落ち合った。わたしは毎日、ふたりに手紙を書いた。手紙を書こうと決めたのは、わたしだ。彼らは手紙を受け取ったのだろうか？　それはまったくわからない。しばらくして両親は、わたしのために偽の身分証明書を届けてくれた。だが、わたしは改名を拒絶した。わたしはクロディーヌ・ロゼンギャールだ。クリスティーヌという得体の知れぬ存在になりたくなかった。

どんなに説明と忠告を受けても、わたしは頑として譲らなかった。代父には、姪がひとりいたから、代母はカペランという彼らの苗字を名乗るようにわたしに勧めた。みながわたしの問題を解決しようと躍起になっていた。わたしはもっと激しいやり方で、ふたりの提案を拒絶した。わたしは、いまでもふたりを思い浮かべることがあるが、彼らは何もわかっていなかったと思っている。代母と代父は、「私たちの姪になるのは、一番ぴったりしているよ」と繰り返した。

わたしはともかく、自分の名前をずっとつけていたかった。けれども、両親と再会できなくなることをひどく怖れていた。わたしが成長したら、容姿も変わってしまうだろう。そうなれば彼らは、わたしが誰なのか、わからなくなってしまうのではないか？

ある出来事が記憶に残っている。優等生だったわたしに表彰式の日が近づいていた。代母と代父は、わたしがもらってくる褒賞をひたすら思うと鼻高々になり、熱で浮かれた。しかし、父から手紙が届いた。彼は言葉をぼかして、表彰式に出席するな、とわたしに厳しく言い渡した。わたしの名前が式で繰り返し呼ばれないようにするために、仮病を使わせるべきだ。表彰式に出席することは、あまりにも危険だ。代母と代父は、父の手紙を読んだ。父はあまりに言いすぎだ！　なにしろ代父は一年間、ずっと表彰式の日を待っていたのだから。代母は晴れ着まで支度している！　式に出ないのは、許しがたいことだ！　わたしは式に出席しなければならない。ふたりのために、仮病を使うことなどできなかった！

教壇に行って、わたしは褒賞としてもらえる本を受け取りに行きたかった。わたしの名前が呼ばれるたびに、怖気づいた雰囲気が会場を覆った。わたしは、ただちに逮捕されてしまうだろうと覚悟した。だが、そんなことはけっして起こらなかった。それから翌年、クラスで最下位の成績を取ってしまうと、たくさんのジレンマがわたしに残った。

最初に受験したバカロレア試験の口頭試問で、最後に地理の試験が残されていた。試験を始める前に、試問官の先生が得意気な声で告げた。あなたが「最優秀点」を取るのには、二点足りないだけです。でも、それは取ったようなものだ。ところがわたしは、試験を〇点にしてください、と先生に突然、頼み込んだ。バカロレア試験の合格が決まっていたから、もう試験を続けたくなかった。

　少し休んでみたら、とわたしは先生から勧められた。彼は何が起こっているのか理解しようとしてくれたのに、わたしはしつこく反発した。「お願いします。〇点にしてください。もう続けたくありません」

「あなたは疲れているのでしょう。必ず答えられる質問をひとつだけ訊いてみましょう。リヨンの町を流れている大河の名前は何ですか？　さぁ、もうわかっていますね。では、ヒントを出します。最初の文字は『ロ《Rh》』です。ロ……」

「それは、わたしたちとドイツを隔てているライン川《Rhin》です」とわたしは答えた。わたしが最優秀点を取り損ねると、先生は唖然とした。一方で、わたしはほっとした。ところが先生もわたしも、いったい何が起こったのかわからなかった。

　それから、わたしはあらゆる選抜試験《コンクール》を拒絶した。この意味を理解するまで数年間も掛かった。

　一九四三年になると、両親はスイスに渡ろうと身支度を整えた。ふたりは代父に通知するために電話を掛けてくると、わたしをある街まで連れて来てほしい、と彼に依頼した。代父と代母は、わたしをそこに出発させることを断った。あなたを両親のところに行かせたくない、とふたりは言った。「そんなことをすれば、とても危ない目に遭うよ。ここにいれば、ともかく安全なんだから」。わたしが彼らの家に残るのを嫌がり、両親がいるところまで連れて行ってくれとせがむと、ふたりはこうも言った。「お父さんとお母さんが、もう一度あなたを捨ててしまったら、もう誰にも引き取られなくなるよ。先に言っておくけれど、私たちはあなたをもう二度と取り戻せなくなるんだよ」

両親はわたしを「捨てて」しまったのか？　それはありえないことだった。そんなのは嘘だ！　けれども、彼らは行ってしまったし、わたしを見知らぬ人のもとに置き去りにしたではないか……。それでも両親は、わたしを放っておいたままスイスに出発することを望んでいなかった。その時、ユダヤ人の子供は誰もが逮捕される恐れがあったのに、わたしは心配していなかった。

わたしは、カペラン夫妻から世話を受けているユダヤ人の少女であり、しかも彼らの養女だということは、サン＝ジロンの街に知れ渡っていた。街の住人たちが言った。「かわいそうに。あの人たちはずっと子供が欲しかったのでしょう」……ドイツ体制の共鳴者を夫に持っている先生に当たると、わたしは学校に行かなくなった。その先生が交代すると、学校に戻った。

中等学校の校長は、代父に断言した。ドイツ軍が学校まで捜索に来たら、真っ先に知らされるのは私です。私は学校に住んでいますから、何も恐るるに足りません。ある日、代母は民兵団《ミリス》(3)（「関連年表」一九四三年一月三〇日）の隊長に会いに行った（ふたりは戦前から、とても親しかった）。彼女はわたしを保護してほしいと隊長に頼んだ。代母が言った。「この子の髪の毛を一本でも触ったら、わたしがその人を殺すわよ」。わたしは、彼女がこの話をしている場面に居合わせた。彼女は泣いていた。隊長は代母を安心させると、誰もわたしを咎めないと約束した。

フランスがドイツ軍の占領から解放されると、わたしは毎日、両親が戻ってくるのを待った。いつかふたりは、わたしが学校から帰るのを待ってくれるだろう。両親の笑い声と、ふたりに抱きしめてもらえることも思い描き、あとはふたりがくれるプレゼントまで想像した。だが、現実はまるで違っていた。

ある日、学校から帰ってくると、隣の家に住んでいた女性から声を掛けられた。「クロディーヌ。急いでちょうだい。びっくりするわよ」。わたしは通学カバンを投げ出すと、彼女に返事した。「ママとパパなのね」。わたしは急ぎ足になった。

「ちょっと待って！」。彼女が叫んだ。「あなたのお母さんはここにいるわ。でも、お父さんは亡くなったの……」

駆け足を止めると、わたしは通学カバンをもう一度拾い上げ、アパルトマンまで通じている階段を上っていった。涙も流さずに、母のそばに行った。そして、あっさりとこう言った。「知っていたわ……。でも、お父さんかお母さんのうち、どちらかひとりがいればいいの。こんな話、もうや

（3） 一九四三年一月三〇日に創設。一九四一年八月に設置された「フランス戦士団保安隊」を強化し、対独協力の前線に置く目的が与えられた。民兵団の当初の方針は、「警戒、宣伝、治安維持」であったが、次第に武装化が進み、各地で抵抗運動の活動家と激しい武力闘争を展開するようになった。他にも民兵団は、要人の暗殺、民間人の逮捕、ユダヤ人の収容所への移送、処刑などを繰り返し、その蛮行はドイツ軍からも批判されたほどだった。フランス人の「対独協力」の象徴的な存在として記憶されている〔訳注〕。

めようよ」

二〇年以上も、わたしは「パパ」とも、「お父さん」という言葉も二度と口にできなかった。わたしは、この幼年期の部分に少しでも触れられることにけっして耐えられなかった。

母はわたしを引き取りたいと思っていたが、代母と代父はわたしの世話を続けたかった。わたしは、母と一緒に暮らしていくつもりだった。もう二年以上も、母と会っていなかった。わたしは、ふたりのもとでとても幸せに暮らしていた。けれども、自分の家に帰りたかった。

代母からすれば、わたしはただの恩知らずにすぎなかった。彼女は、そんなわたしの性格を見抜いていたはずだ。本当に彼女は、わたしを愛したことを後悔していた。代母と代父がふたりとも死んでしまえば、それは確実にわたしの過ちになるだろう。

代父は、わたしがパリに帰ってから三年後に亡くなった。代母はそのことを聞きたがった人に言った。「あの娘が家を出てから、彼はもう生きていたくなかったのよ。そのせいで、彼は死んでしまったの！」

こんなにもつらい状況を生きていくのは難しい。休暇《ヴァカンス》が来るたびに、わたしはふたりの家で過ごした。わたしがパリに戻ろうとする八日も前になると、彼らは悲しそうになった。わたしは途方もなく深い悲しみを抱いていたが、感情をすべて隠すようにした。それから数年後、駅長が言った。代父はわたしが到着する日の二、三日前になると、徒歩で駅までやって来て、もうすぐわたしが乗ってくることになっている列車を見つめていた、と。

わたしは代父と代母からの愛情に心から悩み、苦しんだ。ふたりへの借りは、限りなく重かった。それはあまりに重すぎたのだ。

代父が亡くなると、母は代母にわたしたちと一緒に生活しようと勧めた。彼女はすぐに受け入れた。わたしたちは、地方を離れたことはなかった彼女とパリで再会した。それから代母は、この街でずっと暮らしている。

しばらく前に、代母の友人が言った。「あなたはクロディーヌを自分の娘のように愛しているのね」。現在八六歳の代母は、憤慨して答えた。「娘のようになんかとんでもない。クロディーヌはわたしの娘よ。もういいわ。あんたは何もわかっていないわ」。そして、彼女は言い足した。「母の日にわたしはいつも、クロディーヌからプレゼントをもらっているのよ」……

代母とわたしは、ふたりともクリスマスの晩に生まれた。彼女にとってこの出来事は、わたしとの特別な関係を表していた。

パリに戻ってきたが、何もかもうまくいかなかった。母は一家が住んでいた住居を取り戻した。だが家のなかは、寒々としてがらんとしていた。しかも汚れていたし、わたしたちふたりには広すぎた。母はベッドと食卓と二脚の椅子を見つけると、古い中古品のピアノを買ってくれた。

その日から、家のなかでの暮らし振りは変わった。高等学校から帰っても、ひとりぼっちでなくなった。わたしにはピアノがあった。

わたしは毎日の生活のなかでも、すっかり自分を失ってしまったような気がした。田舎から帰ってくると、地下鉄のなかで途方に暮れたし、エレーヌ＝ブシェー高等学校の大きな建物にいてもそうだった。わたしは、おじ、おば、いとこなど自分の親族の成員を誰も憶えていなかった。それに一年間のひどい学校生活を送った。教室で呼ばれても、返事をする勇気がなかった。なぜなら、南西部地方のなまりを帯びたわたしの言葉は、みなに笑われたからだ。わたしは毎晩、代母から教わったロザリオの祈りを唱えた。しかし、母はそれをやめてほしいようだった。さらに母と代母の考え方は、食事の支度から食べ方にいたるまですっかり違っていた。

父方の祖母がわたしたちと暮らすために、パリにやって来た。彼女が話せるフランス語は、ほんのわずかだった。祖母はわたしの母とイディッシュ語[4]で会話した。わたしには、もう一言もわからなかった。イディッシュ語をすっかり忘れていたからだ。

わたしは完全に自分を見失っていた。

その一方で母は、わたしが抱えている問題を解決しなければならないと考えていたようだ。わたしがもとの生活に適応するのに、たくさんの困難があると彼女は感じていた。わたしと同じ問題を抱えている、他のユダヤ人の子供たちと一緒にいれば、きっと役に立つのではないか？

こうしてわたしは、戦後に初めて創設されたユダヤ人の子供たちが住む居留地《コロニー》に出発した。

初日の晩、またしてもわたしはひとりぼっちだったから、ひどく戸惑った。居留地にいた子供たちを誰も知らなかった。わたしは同い歳の五人の女の子たちと部屋を共有した。彼女たちは内輪話を交わしていたから、わたしには意味がわからなかった。彼女たちはどうやって知り合ったのだろう？　わたしは彼女たちに訊いてみた。みんなのお父さんとお母さんは友達同士なの？　パリで仲良くしているの？　彼女たちはまるで別の惑星から落ちてきたのかと言わんばかりに、わたしをまじまじと見つめた。誰も返事をしてくれなかったから、わたしはもう話すことができなかった。彼女たちに「無礼な」質問をしてしまったようだ。けれども、いくら考えても無駄だった。わたしには、それがどうしてなのか理解できなかった。

その翌日、ある女性の指導教官は、わたしが女の子たちに質問したことを噂で聞いた。彼女はわたしを脇に呼んで説明してくれた。この居留地にいる子供たちのうち、その多くは両親をふたりとも失っている。だから彼らは、世話を丸ごと引き受けてくれるこの施設で生活している。それはわたしの部屋にいる五人の女の子たちに、あてはまるケースだった。

わたしの表情がすっかり青ざめてしまったから、彼女は怖くなったようだ。わたしは突然、彼女のもとを去ったことを憶えている。部屋に戻ると、そこには都合がいいことに、誰もいなかった。わたしはベッドに身を投げて、かつてないほど号泣した。あんまりだ、もう耐えられない！　わたしはそう感じた。

（4）ドイツ語を土台にして、ヘブライ語を加えた中欧と東欧のユダヤ人が使用する言語。一四世紀以降はスラブ圏の言語や、ポーランド語の影響を受けて独自に発展するが、系統的にはゲルマン語派に属する。現在でも、世界各地のユダヤ人に使用されている〔訳注〕。

指導教官は、一時間ほどそばにいてくれたのに、わたしは彼女の慰めを拒んだ。そっとしておいてもらいたかった……。わたしは恥ずかしかった。わたしはまだ母に恵まれているから、泣く権利はない。いったい何が起こったのだろう？　わたしは絶望した。

その日の晩、四〇度以上の熱が出た。二日ものあいだ、他の症状はまったく現れなかったのに、高熱が出続けた。錯乱を起こしてもいるようだった。このような状況で、実際にわたしの身に起こっている錯乱とは、いったい何だろう？

精神的な外傷《トラウマ》を負っているのは、子供たちだけでない。わたしたちを世話してくれる職員たちも、戦争の生き残りだということを理解しなければならなかった。わたしたちはときどき、とても奇妙なことに直面した。ある日、わたしたちはコンクールに参加するように勧められた。このコンクールでは、居留地の生活について、より詳しく両親に手紙を書くことが求められていた。当選した手紙は、パリで発行されているユダヤ系の新聞に掲載されるのだ！　しかし死んだような静けさが、この提案につきまとっていた。わたしは本当に我慢できなかったから、立ち上がって叫んだ。「わたしが手紙を書くわ。コンクールのために、もっとほかの題を選びましょう」。わたしが書いた手紙は、コンクールに当選した手紙として新聞に掲載され、紹介された。だが、わたしと競争した者は、誰もいなかった！

子供たちが両親や家族、そして過去も家も、どんな問題もけっして話さない。これは奇妙な子供たちの世界だった。

笑いと遊び、ダンスと歌。それから、なんとしても忘却し、とにかく過去をけっして「話さない」。これが居留地の決まりのひとつだった。この決まりを強制した人は、誰もいなかった！ ひとりの子供の悲しみや苦しみと涙は、居留地にいる子供たち全員と、またわたしによって認められないものとして経験された。

わたしのお母さんは生きているの。わたしは他の子供たちに、そんな厚かましいことをけっして言えなかった。とにかく、あなたのお母さんは生きているの、とわたしに訊こうとした人は誰もいなかった。この話題はタブーだ。まさに絶対的なタブーだ。居留地から戻ると、わたしの人生はもはや子供のものではなくなったと感じた。その時にしか意識していなかった何ものかが、わたしのなかで壊れてしまった。

わたしは病気にかかった。それは子供が震えながら興奮して、自制できなくなるという十分に特殊な病気だった。多くの小児科医たちは、この病気は精神的な要素に起因すると断言している。わたしの場合、そこに何の疑いも挟めなかった。何年ものあいだ、病状は一〇月の終わりに現れた。わたしの父は一〇月に亡くなったからだ。

母は三三歳からやもめ暮らしをしている。女としての彼女の人生は、その齢で終わってしまった。わたしが母に再婚を勧めると、一二年も幸福な時を送ることができたから恵まれていたわ、と彼女は答えた。「思い出と生きているだけでいいの」。母はそう言い足した。

パリに帰るとすぐに、もし母が再婚すれば、わたしはデイヴィッド・コパフィールド[5]みたいになってしまうことを、ずっと気に病んでいたそうだ……。この話を母がしてくれた時には、わたしはすでに結婚していた。そんなことをわたしに言われながらも、母は、もし他に男性がいたら嫌な思いをしただろうと言って、この話を締めくくった。

一番に美しい母の褒め言葉は、「おまえは、お父さんにそっくりよ！」というものだ。わたしは母を信じている。母はわたしの誇りである。

わたしの父は、ワルシャワで法律を学んだ。彼の大学での成績は、ポーランド政府がパリで博士号を準備するために奨学金を彼に与えるほど秀でていた。父には犯罪学の教授職が、ワルシャワ大学で保証されていた。ユダヤ人が奨学生になることは、本当に珍しかった。まして教授職が約束されていることは、奇跡に等しかった。

フランスに来ると、父はすぐにこの国で生活することだけを考えるようになった。彼は奨学金と教授職を捨て、政治学院にも通いながら犯罪学の博士号を取得する準備をした。父は、彼の家族たちをフランスに呼ぶように手筈を整えた。彼は七人の子供たちのなかで長男だった。

父は「社会的・経済的な所産としての犯罪」という、彼の博士論文のテーマを認めさせようと闘った。父の帰化が拒否された時、その口実のひとつとして彼の研究内容が示された。一九二九年の時点では、この研究テーマはあまりにも危険だと判断されたのだ。

しばしば父は、彼の祖国について話してくれた。彼は日常生活や学校で繰り返し行われていた侮辱に悩んでいた。ある日、ポーランド将校から故意に侮辱されると、父は突進していった。それから、将校のつけていた肩章をむしり取ると、それを地面に叩きつけて踏みにじった。もしある大学教授が、この事件のもみ消しに失敗していたら、父は大学を追放されていただろう。

父はポーランドを深く恨み、さらに侮蔑しながら語った。「フランスを知ってしまったら、どうやってワルシャワで生活できるのだろう？」。フランスは父が選んだ祖国だった。この国は人権の国であり、あらゆる自由と希望があった。「ほっと息をつく」ことも、ポーランドとフランスでは、意味が違っていた。父はいつも最後にこう言った。「おまえは自由の国で、ほっと息がつける子供なんだよ。この幸せをけっして忘れてはいけないよ！」

父は、自分がユダヤ人であると深く感じていた。最終的に信仰を捨てていたが、ユダヤの歴史とあらゆるユダヤの教養は、彼にとって極めて重要なものであり続けた。

父は五か国語を流暢に話した。だが彼は言った。話すことは誰にでもできる、大切なのは、文学や歴史、それに習俗を深く知ることだ。教養は彼にとって、重要な心の糧だった。「教養のある人」。

（5）イギリスの小説家チャールズ・ディケンズ（一八一二〜七〇）の代表作『デイヴィッド・コパフィールド』の主人公。デイヴィッドの母クレアラはマードストンと再婚するが、彼とその姉から虐待を受け他界する。その後、デイヴィッドは義父となったマードストンに学校を退学させられ、彼が経営する酒類輸入商に奉公に出されながら、劣悪な生活環境で苦労を舐めることになる〔訳注〕。

きっとこれが父を評価するための、最良の基準となるだろう。

一九四一年になると、父は弁護士を営む資格をたちまち失った。彼は勉強に時間を費やした。父は書類を分類し、メモを取り、書きつけた。とくに売春について書類を準備した。

父は、本来ならばもっと年長の子供と交わすような会話をわたしにしてくれた。でも、それはごく自然なことだった！　父は、わたしが風景と自然、森のかおり、文学と音楽を好きになってほしいと願っていた。ピレネーの山をゆっくりと散策しているあいだ、父はハイネとシラーやヴィクトル・ユゴーの詩を暗唱してくれて、ゲーテとピカソについて話してくれた。父はきれいに口笛を吹きながら、わたしにシューベルトやバッハ、ベートーヴェンやグリークについて教えてくれた。わたしは「オーゼの死」(6)を父の死と無関係に聞くことができなかった。

四一年から四二年にかけて、父は瞬く間に過ぎていく時の流れと粘り強く戦っていたようだ。というのも父は極度に苦しみ、ナチスから迫害を受けているという事実を知っていたからではないか？　父はできるだけ多くの知識を、わたしに教え込むことに没頭した。わたしは父が言っていることを是非とも理解して、耳を傾けたかった。わたしたちは完璧に理解し合っていた。

父は人間と道徳の価値を教えてくれた。彼は「人間」を信じていた。それはひとつの理想主義だった。正義と生存権の理念は、絶えることなく父の心に現れた。わたしは父が犬を見ながら、つぶやいた時の言葉を憶えている。「どうして動物は平和に暮らせるのに、私たちはそういかないのだろう？」

約束を守るのは、とても大切なことだ。父は戻ってくるとわたしに約束してくれた。長い歳月が流れていくあいだ、今度は父が「戻ってこない」ことをわたしが拒絶した。

かれこれ一五年も前の話だが、ある教師が「災難を被ったにもかかわらず、見事に切り抜けたユダヤ人の子供たち」がいる事実に驚いたことがある。わたしは、最初に確かな喜びを感じたことを憶えている。わたしたちは強かった……。ところが、すぐに悲しみと怒り、それに抵抗までもが混ざり合った奇妙な感情を覚えた。「みなが思うよりは簡単だった」とわたしは考えた。それは「わたしたちが被った心の傷《トラウマ》を否定するか、あるいはせめてその傷の痛みを抑えるための方法」だったのだ。この省察のおかげで、わたしはこう結論するに至った。ナチズムの時代を生き抜いた、わたしたちユダヤ人の子供たちは、この経験を「自分たちの外部にあるもの」として拒絶するために、あらゆる手を尽くしたのだった。

死別の悲しみが耐えられない者たちは、この時期をある種のためらいや、それをすべて月並みなものにしようとする切実な欲求とともに思い出しているのである。

孤児として残された者たちの大多数は、過去にけっして近づかない。これはタブーだ……。彼らはこんなことなんかしたくないし、とりわけ過去が語れないのである。

（6）ノルウェーの作曲家エドヴァルド・グリーク（一八四三〜一九〇七）による組曲「ペールギュント」（原作ヘンリック・イプセン）に収められた一曲。オーゼは放蕩息子ペールギュントの母親〔訳注〕。

友人がある日、わたしに言った。「過去を話さないということは、それを消し去ることじゃないよ。むしろ反対に、過去を共有できない秘密のように扱いながら、自己の最も深い場所で、それを守り続けていくことなんだ……。きみが両親たちの遺産を継げるようになるのは、両親のイメージがおぼろげになって、過去を取り戻すための写真すらもなくなってしまった時だけだよ」……。同じ日に、ある人が偶然にも彼に訊ねた。「きみはどこの出身なの？」。彼が皮肉を込めてこう答えたのをわたしは聞いた。「ブーヘンヴァルト人さ」……。これは彼が使ったことがある、たったひとつの当てこすりだ。まるでフランス人かイタリア人かのように、ブーヘンヴァルト人として生きられるというのだ……。彼が経験したことは、この言い回しから簡単に理解できるのだ！

わたしたちは、ある心配事を再びよく口にするようになった。それは子供たちの将来である。職業的な将来のことではなかった！　子供たちは新たな大量虐殺《ジェノサイド》を知らずに、生き抜いていくことができるのか……。

「希望は生きる糧である」と言われている……。きっとわたしたちは、その希望というもののせいで、もはや生きていけなくなっているのだろう。なぜならわたしたちは、自分たちの心の奥に「希望があることを知らない……」からだ。

対談を実現するために、わたしは友人と知人たちに、一緒に戦争の時代に戻ってみませんかと依頼した。あれから三五年が経過した。彼らは戦争の記憶を語り尽くすことができるのか？　わたしはこれが「学位論文」であることを、はっきりと告げた。「こういうテーマはきみが選んだの？　いったい正確には、どんなことを調べているの？」。わたしはこんな返事をした。「自分ですら何を調査しているのか、わからないの」

このような返事は、わたしと対談をしたいという微かな意欲を、彼らからすっかり奪ってしまうのではないか？　わたしはたくさんの拒否の返事が届くだろうと覚悟した……。だが、断りの返事は強制収容所への移送によって両親を失った、ある精神療法医からしか受け取らなかった。

その一方で、「過去をかき乱すのに、とても役に立つ」ような質問は、けっして訊かなかった。

対談者たちすべては、先の大戦中にはまだ子供だった。彼らはみな両親と引き離され、かくまわれた。迫害が始まった一九四一年の時点での彼らの年齢は、三歳から一三歳だった。彼らは、被収容者の子供たちである。ひとりの女性の対談者を除いて、彼ら自身は強制収容所への移送を経験しなかった。しかし父親か母親、あるいは両親ふたりに先立たれると、彼らはみな孤児として残された。ときに彼らは、家族の成員たちがすべて強制収容所で殺されてしまうと、家族のなかで唯一の生存者となった。

わたしは、社会的にも職業的にも、明らかにきちんと同化していると思われる人たちと対談することにした。彼らは、「幸福になるために、あらゆるものを兼ね備えている」と言われている人たちである。

対談を行う場所については、彼らの選択にゆだねた。対談者には、自宅かわたしの家、それから彼らが勤めている職場や、もっと匿名の場所で話してもらうことにした。ひとりの女性だけがカフェを選び、わたしたちはそこで初めて会うことになった。ふたりの対談者たちは、わたしの家に来ることを望んだ。あとの人たちは、自宅に来てほしい、とわたしに求めた。わたしたちは一緒に夕食を取った後に、「話をした」。

特筆したいことがある。自宅で対談を望んだ人たちは、客間《サロン》が空いていたのに、住居にあるすべての部屋のなかでも、つねに寝室を対談の場所として選んだ。

それぞれの対談は、一度きりの回数で、平均して二時間にわたって行われた。わたしは、対談者たちがくつろげる場所に座ってくれるよう希望した。それから、わたしは彼らのそばに腰を下ろした。

すべての対談者たちは、対談を録音するのか、それを書き写すのか、とわたしに尋ねた。ただ話を聞くだけだということを知ると、彼らは安心した。しかし、彼らは「もし、記録を取る必要があれば、それはわかっているし、了承するよ」と言ってくれた。

対談者たちは、浅く椅子に腰掛けていたが、次第に体を縮めていった。彼らはある記憶を思い出したせいで緊張し、それに不安や苦痛に満たされると、すぐに椅子を動かした。ほとんどの対談者は、対談が終わるころには、わたしに背中を向けていた。彼らのまなざしは、窓に釘付けになっていた。

「ここは眩《まぶ》しすぎる」という言葉が何度もこぼれた。対談を始めてから、わたしたちはずっと薄暗い場所で話していたにもかかわらず……。

この対談は、対談者自身が漏らしたとめどない独り言だった。わたしは彼らのそばにいたのに、彼らはわたしを見ていなかった。対談者たちの声は、まるでロボットの声のようにひたすら単調に響いた。彼らの表情は強張り、虚ろだった。彼らは、他人について話しているかのようだった……。よく響き、悪戯好きな声がよく知られているわたしの友人は、口を開くとすぐに、ささやき声で話し続けた。しかし、彼はそれにまったく気づいていなかった。対談が終わると、彼はいつもの声調を取り戻した。

対談を行った後、わたしはいつも、どうして話すことを了承してくれたのですか、と対談者たちに訊ねた。

「きみを助けるためだった」

「きみに論文の題材を提供するために」

「きみに会いにいく必要があったから」

「逃げ出したくなかった」

「きみの論文の作業に、参加しなければいけなかったから」

「友達に献血したようなものさ」

「学位論文という言葉のせいさ！」

「三五年も経ったから、きっと話す時だと思った……」

「話す必要があった……。少なくとも一生に一度は」

それぞれの対談が終わった日の翌日に、わたしは対談者たちの様子を知るために電話を掛けた。彼らは心地よくなり、安心したということだった。だが、わたしの気分はどんどん悪くなっていった。このような過去への回帰は、とても苦しく感じられたから、わたしは作業をすべて止めてしまおうと思った。何日かが対談を行うことと、対談の内容を紙の上に書き移すことができると感じた瞬間とともに過ぎていった。

論文を書き終えると、三人の対談者だけがそれを読みたがった。他の対談者は、いくつかの抜粋を大きな声で読んで、その内容を彼らに教えてあげてくれ、とわたしに依頼した。何人かの対談者は、自分たちが対談で話した内容を検討することができるようになるまで二年近くも必要とした。

彼らが「話す」ことを受け入れるのに、これほどの苦しみがあったとは、誰にも想像できなかった。

この学位論文と本が刊行されてから、二年近くが経とうとしている。この研究を読んでくれた大半の人たちは、これをもっと多くの読者に広めてほしい、とわたしに求めた。もう最後までやり遂げるしかなかった。

対談に参加者してくれた人たちは、まったく異なった公衆の前で「裸になる」ことを受け入れるまで、長いあいだ考えていたということだ。わたしは彼らとためらいの気持ちを共有している。最後に残ったのは、初めの一歩は越えたという漠然とした感情である。これを「死文」のままにしてはならない。

# 対談

1　ラザール
2　アンドレ
3　ポール
4　マドレーヌ
5　ジョゼフ
6　サミュエル
7　ポレット
8　シャルル
ポレットとシャルルの父親たちは、アウシュヴィッツに移送され、帰らぬ人となった。
9　ミリアム
彼女は五歳の時に強制収容所に移送された。彼女の妹と両親は、同じ列車に乗せられた。彼女の父は帰らぬ人となった。

10　モーリス
彼の兄は強制収容所に移送された。母親も移送され、帰らぬ人となった。

11　ラファエル
彼の両親は、同じ列車に乗っていた。父は戻ってきたが、母は「選別された」（一四三頁傍注（5）を参照せよ）。

12　ソーニャ

13　ジャン
彼の両親は強制収容所に移送され、ふたりとも帰らぬ人となった。

14　エレーヌ

15　ルイーズ
彼女の祖父母と両親と弟は、同じ列車に乗った。そのすべての人たちが帰らぬ人となった。

16　コレット

17　ロベール
彼は両親たちの親族のなかで、たったひとりの生存者となった。

# ラザール

私は一九三三年にパリで生まれました。弟は一九三五年生まれです。

父の面影を、はっきりと憶えていません。頼りになるのは、一枚の写真だけだよ。

父の性格は、私にそっくりだったようです。彼はしょっちゅう、さびしそうにしていました。それにむっつりして、自分の殻にこもりがちでした。父からとても厳しくしつけられていたから、私はもう耐えられないと思っていたよ。

ええ、私はパリにいた時、いつも黄色い星を身につけていました(1)〔「関連年表」一九四二年五月二

(1) 占領地域において、ユダヤ人たちが公の場所に姿を見せる場合、黄色い生地の上にダビデの星と「ユダヤ人」という文字が黒色で描かれたマークを衣服の左胸に縫いつけて、着用することが命じられた。命令に従わない場合は、刑務所か収容所への収監、あるいは罰金刑が科された。これと同じ措置は、すでにポーランドでは一九三九年に、ドイツ第三帝国の領土では四一年九月から開始されたが、その後ドイツ軍に占領されたヨーロッパ諸国にも広がっていった〔訳注〕。

九日」。ひどい話だよ。休み時間になるたびに、毎日授業が終わるたびに、いつも私は馬鹿にされた。我慢できなかったから、死に物狂いで闘いました。学校が終わると、幼稚園の年長生だった弟が、私を助けに来てくれたことも憶えています。私は教員たちからいじめられて、激しく頬を引っ叩かれることに耐えました。最低の連中だったよ。彼らは私をいじめて喜んでいたんだ。守ってくれる人なんか、ひとりもいなかった。うっぷん晴らしをされていたよ。でも、私は救われました。なにしろ、がっしりした体格に恵まれていたからね。彼らのうちで人間味のある振る舞いをしてくれた者は、誰もいなかった……。まったく人間味があるどころか、その反対です。誰かから「汚いユダヤ人」と呼ばれたら、もう耐えられなくなって、そう言ったやつを地面に叩きつけてやったよ。けれども、喧嘩を始めたのはおまえだ、とみんなが言い張りました。そんなことをしでかしたせいで、私は厳罰を受けたよ……。このことはけっして忘れていません。

一九四一年に、父は家を去りました。警察署への出頭を定めた、かの有名な「緑色の紙(2)」を受け取ったからだよ。警察署に行かなければ、家族に制裁が下ることになっていました。

私の父は、愚か者でなかったし、だまされやすい男でもなかった。でも、彼は家族を守るために、警察署へ出かけました！　若いフランス人たちは、ドイツまで強制労働徴用(3)に招集された時、出頭に応じなかったでしょう？　彼らは、出頭したらどうなってしまうのか、すでにわかっていたから。でも、四一年の時点でユダヤ人たちが強制労働収容所にかき集められることは、もうみんな知っていたよ！

「緑色の紙」について書かれた本[(4)]が出版されたから、私はこの本を買いました……。でも、一ページも開けられません。馬鹿みたいでしょう！

父はピティヴィエの収容所[(5)]に収監された時に、そこから助け船を弟と私に出してくれました。私の母は、ほうぼうで針仕事を始めました。お金を稼がなければならなかったからです。

ピティヴィエに訪問が許されると、母は私と弟をそこに連れて行ってくれました。私は騒がしい子供でしたが、訪問のあいだ身じろぎすらできなくて、身体はカチカチに強張っていたよ。父は家

（2）一九四一年五月上旬に、緑色の招集状がパリに住む六六九四名の、おもに外国籍のユダヤ人たちに送られた。出頭に応じた三七四七名のユダヤ人たちはそのまま拘束され、ピティヴィエ、ボーヌ＝ラ＝ロランドの収容所に連行された。この検束はフランス行政が最初に実行したユダヤ人の大量検束となり、後に「緑紙の一斉検束」と呼ばれるようになった〔訳注〕。
（3）ドイツ軍の占領が始まった一九四〇年の夏から、ドイツ企業はフランス人労働者の募集を行っていたが、四二年九月四日に全国労働局が設置され、四三年二月一六日に「強制労働徴用」（Service du travail obligatoire : STO）を開始してから、ドイツでの労働が義務化された。四三年の三月までに、約二五万名の労働者を集めることに成功したが、四三年の春から強制労働に抵抗する労働者が激増し、四四年にドイツに渡ったフランス労働者の数は、四万二〇〇〇名に過ぎなかった〔訳注〕。
（4）David Diamant, *Le Billet vert*, Paris, Éditions Renouveau, 1977.（ダヴィッド・ディアマン『緑色の紙』パリ、ルヌヴォー社、一九七七年）、「関連年表」一九四一年五月一三日〔原注〕。

族に最後の別れを告げました。弟は泣きましたが、私はこらえました。突然、母は苦しみに悶えて、わめき声を上げました……。母は大声で叫びました。この叫び声は、いまも私の耳元で響き渡ってるよ。

この時から、私は二度と父と会っていません。

母は、ユダヤ人が結成した抵抗運動《レジスタンス》(6)に参加しました。

ある日のことです。母は私たちが閉じこもっていた地区で、これから一斉検束が行われると聞きました。警官が扉を叩きました。扉の背後で、私たちは恐怖に襲われながら口をつぐんでいました。でも、母は扉を閉ざしました。翌日、警官が再び家の前に戻ってきましたが、昨日と同じように、扉を閉ざしました。

幸いにも管理人は、私たちを密告しなかった。

ほぼ一週間、私たちはわずかな食糧を抱えて、家に閉じこもりました。板を軋ませることと水道をひねることは、けっしてしてはいけなかった。私たちがこの部屋にいたことは、誰にも気づかれなかったはずです。

それから、母は六階にいた住人と話をつけました。三か月か四か月のあいだ、私たちはその人の家で暮らしました。

これはとても危なっかしいはずでしたが、母は、まずは私をメニルモンタンに住んでいた神父たちの家に、そのつぎは弟と一緒に農家に送りました。でも六週間が経つと、農夫たちに煙たがれました。母は私が苦しんでいたのを知ると、もう一度、私を預かってくれる家族を見つけてくれました。それに三番目と四番目にかくまってくれた家族も。あとはどこに住んだのか、正確に憶えていません。きみには、もうわかっているでしょう。私は満足なんかしていなかった。それに食欲が旺盛だったから、腹を空かしていました。夜になると、ニンジンを抜きに畑まで行って、それから、

---

（5）ロワレ県に設置された「中継収容所」。その近辺には、ボーヌ＝ラ＝ロランドとジャルジョー収容所も建設された。当初ピティヴィエ収容所は、ドイツ軍の戦争捕虜を収容する目的で設置されたが、一九四一年五月からユダヤ人を収容する施設となった。四一年から四三年のあいだ、ピティヴィエ、ボーヌ＝ラ＝ロランドに移送されたユダヤ人の数は、約一万八〇〇〇名に及ぶが、そのうち約四〇〇〇名は子供たちだった。収容者の多くは、これらふたつの収容所からパリ近郊にあるドランシー収容所に送られ、そこからアウシュヴィッツ強制収容所に移送されることになった〔訳注〕。

（6）ドイツ軍占領後から地下活動を展開していたフランス共産党は、一九四二年四月にその下部組織である「遊撃隊とパルティザン」（Les Francs-tireurs et partisans：FTP）と「移民労働者事務所」（La Main-d'œuvre immigrée：MOI）を接合させ、ユダヤ系労働者たちを集結させることに成功した。四一年八月にフランス共産党が武装闘争に参加すると、「移民労働者事務所」に属する多くの外国系ユダヤ人たちは、パリで闘争に参加し、他にもトゥールーズ、リヨン、グルノーブル、マルセイユでドイツ軍や対独協力者たちを襲撃するなど、都市ゲリラ作戦を敢行した。四三年四月になると、ユダヤ人共産主義者たちはパリに集まり「抵抗と相互扶助のためのユダヤ人連盟」（L'Union des juifs pour la résistance et l'entraide：UJRE）を発足させ、四四年二月から二〇〇名の隊員とともに義勇団を結成した〔訳注〕。

果樹園で盗み出した果物とまとめて、ぜんぶ平らげました。私は盗みを働きました。でも、これは生き延びるための盗みだよ。私には、何でもする覚悟があったから。

夜になると、母はたまに私たちに会い来てくれました。彼女がパリに留まって、抵抗運動《レジスタンス》をしているのを知っていました。


父はアウシュヴィッツに送られました……。もう彼が戻ってこないことは、わかっていたよ。

フランスが解放されると、すぐに私はラジオで生存者の名簿《リスト》が読み上げられるのを聞きました……。運がよければ……。でも希望を持つのは、くたびれることだった！

そのあとの暮らしは、もう大変だった。私が金を稼げるようになるまで、家族は数年間、とんでもない貧乏暮らしをしました。

一三歳になった時、私は第六年級[7]に入りました。クラスのなかでも、私は一番体格が大きくて強い男だったのに、自分を一番ダメな奴だと思っていました。

そんなに友達がいなかったから、他の人たちと気安く仲良くなれなかった。なじみのない人たちが怖かったからだよ。

異常なことが起こりました。家に帰ると、とても奇妙な痙攣が私の体を襲いました。いいえ、こんなことはもうむかしの話です。

私は精一杯、勉強しました。父も私の成功を喜んでくれたでしょう。いいえ、きっと父には驚かれたはずです。なにしろ、私は気難しい子供だったからね……。

そうです。父はまだ子供だった私と弟を保護するために、出頭命令に応じたのです。何と言うか……、彼は私たちを生き延びさせるために、わが身を捧げてしまったんだ。

問題の解決は、つねに見つけられるはずです。でも、父が見つけた解決は、最善のものではなかったのでしょう。ただそれだけのことだよ。

生き延びるために、私は何でもするつもりだった。私は闘ったし、殴り合いもした。抵抗だってしたよ。きっと父には、出頭命令に応じるのにふさわしい理由があったのでしょう。家族を守ってくれたことが、その証です。もし母が、彼の身に起こったことを見ていなかったら、きっと警察に扉を開いていたはずです！　私たちが生きているのは、何もかも父のおかげなんだ！

父がいなくなってしまったから、寂しかった。ものすごく寂しかった。でも私は、そんな気持ちをすっかり切り抜けたよ。そう思わない？

喜ばしい時間を過ごすのは、やりきれないことだよ。父には、私の博士論文の審査会に来てもらいたかった。せめて私に会いに来てほしかった。

母は無神論者でした。そのうえ共産主義者でしたから、私の息子たちがバル・ミツバを行っても、

（7）中等学校の一年次に相当する。一般的な対象年齢は一一歳〔訳注〕。

参席を拒否しました。「おまえのお父さんは、こんな儀式なんか歓迎しなかったでしょう」。彼女はそんなことまで言い放ちました。

私は……、自分が失ったものを少しだけ取り戻していたのに……。母は私を理解しようとしてくれなかったのです。

弟と私は、ふたりともカトリック教徒の女性と結婚しました。彼女たちは、私たちが頼んでもいないのに、進んでユダヤ教に改宗してくれたよ。私たちの子供は、ユダヤ教が生きている環境で育ちました。私の祖父はラビでしたから……。ええ、でも私が興味を持っているのは、改革派のユダヤ人共同体(8)ですよ。

いまから六年前の話です。私が車を雑に停めてしまったせいで、隣に住んでいた女性が車を出せなくなりました。車を移動させるために、私は家を出ました。彼女が言いました。「あんたはただの汚いユダヤ人なのよ。残念だわ。死体焼却炉が小さくて！」。私はなんとか気を静めることができました。でも訴状を出すと、彼女は引っ越さなければならなくなりました。私は、人間の尊厳の名において刑を言い渡した「名誉棄損事件審査委員会(9)」のようなものを結成したかったのです。

ある晩、急患に呼ばれました。免許証を忘れてしまったから、警官から職務質問を受けました。私は事情を説明して、自分の身分について話しました。私は医師の標識《カデュセ》(10)を車のフロントガラスにつけていて、しかも五分もあれば、家に戻ることができる場所にいました。警官が言いました。「私と一緒に派出所まで来なさい」。この時、私は奇妙な反応を示しました。「絶対に応じない！」。道路の真ん中に寝そべると、私はこの場から動くことを拒みました。警官は私の身柄を派出所に移しました。身分証明書を持って、迎えに来てくれたのは、私の妻でした！

でも、免許証を見せろと言われたら、私は冷静にならないといけなくなるでしょう。激しい怒りも感じるはずです。

税金に関して言えば、私は正確だと思えない税額を払いません。そんなことは絶対に許さないよ。査定を受けてみましたが、私の方が正しかった。もし、税額を決めた連中が余計なことを言ったなら、おまえたちの親玉こそ、私から合法的に騙し取ったじゃないか、と言ってやったでしょう。彼らは、自分たちの親玉が持っているのと同じ権利を都合よく手に入れるつもりだったのでしょうか？

（8）一八世紀後半のドイツで興ったユダヤ教の改革運動。モーゼス・メンデルスゾーン（一七二九〜八六）に端を発するユダヤ啓蒙主義運動の影響を受けて、ユダヤ人の人間性の覚醒や、平等、自由、人間愛を特色とするメシア的な時代の到来を期待した。シナゴーグでの礼拝もヘブライ語ではなく、ドイツ語で行われ、ドイツ語による説教と讃美歌も導入された。一九世紀には、改革派の運動はアメリカをはじめとし、カナダや英国、スイス、ハンガリーなどに広まった。フランスでは、一九〇七年に「イスライリート自由連盟」が発足し、ユダヤ伝統主義とは異なる近代的なシナゴーグがパリのコペルニク通りに設置された〔訳注〕。
（9）一九四五年に内務省の監督の下に創設された委員会。ドイツ軍占領中に、フランス国議会から任命されて、戦後になってから被選挙権を失った議員たちの権利回復を裁定することを目的とする。一九五七年に破棄された〔訳注〕。
（10）これをフロントガラスの内側に装着していれば、駐車の特権が認められる〔訳注〕。

私は強制収容所への移送も戦争も、父のことも二度と話しません。けっして墓参りにも行きません。そういうのは苦手だから。ピティヴィエで開かれた追悼式に、母と出席したことがあります。私は物怖じしない性格の持ち主なのですが、目に見えて調子が悪くなっていきました。本当に具合が悪くなってしまいました……。母は私をピティヴィエに連れて行くことを、もう二度と求めなくなりました。

アウシュヴィッツの死者たちの石碑には、私が書いた墓碑銘が選ばれました。

私には、子供が四人しかいません。せめて六人の子供たちが欲しかった……。どうしてなのって？　もうふたり子供がいれば、私はあと二度も幸運に恵まれることになったからです。天才でなくても、人がもっとうまく生きられるように手助けしてあげて、とくにでたらめな口実に振り回されて、誰も殺すことのない人間たちを、あとふたり世界に授けたかった。

私は、熱心な共産主義者でした。いつか正義の社会が存在して、それがきちんと創り出されると信じたかった。ソ連でユダヤ系医師たちの裁判が行われると、[11] 私は細胞を離れて、もうそこに戻らなかった。こんなにひどい失望はなかったよ！

生活のなかで、たとえば友人が外科手術を受けに行くというような、少しばかり異常な出来事が起こると、私は最悪の結果を想像してしまいます。しかも、あらゆる不測の事態に立ち向かおうと思ってしまうんです。おかしくないですか？　「あんたたちユダヤ人は違うんだ」。こんなことを言われたら、我慢できません。おまけに「結局あんたたちは、自分を本当にフランス人だと思っていないんでしょう」とまで言われたら、もう最悪です。

私は、普通のフランス人と違う人間になってしまったのでしょう。でも、誰のせいでそうなったんだろう？　本当に「私は違う人間にされてしまったのです」。だから私は、家族が住んでいた家を捜索しに来たフランス人の警官たちと、ほかの子供たちからいじめられていたのに、とにかく一度も保護してくれなかった教員たちを絶対に忘れていません。別に私は、進んで自己弁護を口にしているわけではありません。もういい加減に満足してくれ、とても人からお願いをされているのでしょうか？　もし、私が本当に他人と違っているならば（この違いこそ彼らを怖がらせて、不愉快にさせています）、私には生きる資格がないのでしょうか？　自分を否定することは、生きる資格をみずから拒否してしまうことです。単純な話だよ！

ええ、母方と父方の祖父母たちは、みんな惨たらしい状況のなかで死んでしまいました。ドイツ軍は、彼らのために、あらかじめ墓を掘ってやらなければならなかったのです。

ポーランドで私の祖父母と一緒に住んでいたおじとおば、それからふたりの従兄弟たちもみんな

(11) 一九五三年に、共産党および軍の要人に対して暗殺を企てたとして医師専門家グループが投獄された、いわゆる「医師団陰謀事件」。逮捕された九名のうち六名のユダヤ系医師たちは、アメリカに本部を置く国際ユダヤ人組織から指令を受けていたと報道された。これはスターリンによる捏造事件と言われており、ユダヤ系医師たちは、同年にスターリンが死去すると釈放された〔訳注〕。

殺されてしまいました。

一五歳か一六歳になると、すぐに私は働きました。どんな仕事でもしました。休暇のあいだも、学校に通っているあいだも働きました。母はまったく金を稼いでいなかったし、それに家族には、弟もいました。すぐに私は息子ではなく、一家の長になりました。

母は再婚も、他の男性と一緒に生活することも、けっして望まなかった。彼女は三〇歳の時から、ずっとやもめ暮らしを続けています。私と弟が彼女の人生だった。母は、私たちのためにすっかり身を捧げてくれました。

私と弟は、両親にたくさんの「借り」を作りながら人生を始めました。父は、私たちを生き延びさせるために亡くなりました。そして母は、家族に他の男性を家に押しつけることもなく、女としての一生をきっぱりと捧げてくれたのです。

※

ラザールは轟くような声の持ち主だが、対談中はささやくような声で喋った。

対談が終わると、すぐにラザールの声はいつもの響きを取り戻した。彼はそれにまったく気づいていなかった。

ラザールは、墓碑銘に子供っぽくこう書いた。

大好きなパパを惜しむ
一九四一年五月一四日に、
ドイツ野郎はパパをぼくたちからむしり取り、
ピティヴィエに送った。
一九四二年六月二四日に、ヒトラーの手先のバカどもが、
パパをアウシュヴィッツに送って、
殺した。
その時、パパは三五歳だった。
ぼくたちは大好きなパパを忘れないよ。
パパは、いつもはっきりと刻まれています、
ぼくたちの記憶のなかに。
あなたはふたりの子供を残しました。
ふたりが大きくなったら、パパのために復讐します。そして汚いヒトラーの悪党たちを憎むでしょう。
一九四六年五月一九日

## アンドレ

私の父は、仕立屋でした。一家の収入はとてもささやかなものでした。家にいる時、私の両親はふたりともイディッシュ語で会話していました。私と話す時もイディッシュ語でした。私が寄宿学校に入る前に、母は、もうイディッシュ語を一言も話してはいけないよ、と私に言いました。私はそのわけを訊きませんでした。でも、悲しくなりました……。

私たちの一家は、偽の身分証明書を持っていなかったのです。両親は自由地域に行きたがっていました。ふたりは長距離バスで移動しようと決めましたが、私を残していきました。目的地に着いたら、両親は私を迎えに行くために、ある手口を使うつもりだったのです。でも、そこに着けなかったら、自由地域に住んでいたおじさんが、私を世話してくれることになっていました。

バスの車内で身分証明書の点検が行われると、父は逮捕されました。

私の両親は、さようならを言い合えませんでした。それでも母は、運に恵まれていました。父が捕まってしまった時、彼女は車窓のそばに座っていました。警官は、きつく固定されていた車窓をひたすらこじ開けようとしました。でも、それにてこずって時間を無駄にするとついに腹を立てて、母の点検を忘れてしまったのです。

これも言っておきましょう。母の髪の色はブロンドで、眼は青色でした。父も母と同じ髪と眼の色をしていました。私は父とそっくりです。

自由地域に着くと、すぐに母は私を迎えに来てくれた仲間の人に、お金を払う準備をしました。その人は自転車を持っていたから、私は荷台に乗りました。

境界線(1)を越えた時のことは、まだ憶えています。母の仲間の人は二日間もかけて、これから私が言わなければならないことを教えてくれました。尋問されたら、彼の甥っ子だと答えて、その人を「おじちゃん」と呼ばなければなりませんでした。

父の身に何か起こったのではないか。移動しているあいだ、私はそう予感しました。なぜならそ

(1) 占領地域と自由地域のあいだに引かれていた境界線。スペイン国境からスイスに国境に至るまで、アングレム、ポワティエの東側、トゥール、ブルージュ、ムーラン、ドールの南側を通る線で結ばれる。境界線の全長は約一二〇〇キロメートルにも及ぶ。ドイツ軍は、経済的にも豊かな北部地域を占領地域としたが、現実にはフランス本土の半分以上をイタリア軍と占領した。ドイツ軍の許可を得ずに、南北地域を往来することは禁止されていた。一方で不法な手段による境界線の越境は、フランス人にとって最初の抵抗活動となった〔訳注〕。

の人は、私の母のことばかり喋っていて、けっして父のことを口にしなかったからです。

私は、もっとはっきりした質問をぶつけてみました。「ぼくのお父さんは何か言っていたの……」。

でも、その人は「うん。でもね、おまえのお母さんはね……」というような返事をしました。

私は悩んでいました。何もかも戦争のせいでこんなことになったと思っていました。私は自分をユダヤ人であると意識していなかったし、星のマークを身につけてもいませんでした。私の両親もそうでした……。

境界線を通り過ぎた時に、母の仲間の人が私を木の根元に下ろしました。もうすぐ、おまえのおじさん、つまりおまえのお母さんの兄弟が迎えに来るよ、と彼は言いました。もし尋問されたら、この人が私を連れてきたことを、とくに知られてはいけなかったのです。

その人がいなくなると、すぐにおじさんがやって来ました。それからまもなく、私は母と再会しました。

「パパはどこにいるの?」

「警官はパパを刑務所に連れて行ってしまったの」。母が言いました。

「刑務所? 泥棒といっしょに? パパは悪いことをしたの?」

どうしていいのかわからなくなったから、私は大声を上げて泣き出しました。父が刑務所でネズミに食われてしまうのが、恐ろしかった。父は、私をとても大事にしてくれましたから。

母と私は、ある年配の女性が住んでいた家の一室で暮らしていました。でも、その人と一緒に生活することが難しくなったから、住むところを変えました。母と私は、一軒の平屋を見つけました。戦争が終わるまで、ずっとそこに住みました。

まわりにいた住民たちは、私たちに少しも敵意を示すことはありませんでした。でも私は、よそ者扱いされているように感じましたし、彼らはよそ者を嫌がっているようでした。

私は学校に通いましたが、それは時間の無駄でした。すらすらと字が読めたのに、幼稚園に入れられてしまったからです。取り計らってくれた先生がいたおかげで、その後、自分にふさわしい教育を受けることができるようになりました。

私はずっと本名を名乗っていました。ある出来事を思い出します。重病を患った私のおばさんに会いに行くために、母と一緒に長距離バスに乗りました。彼女は私に、「ぼくはアンドレ・コストです……」とわざわざ本名を繰り返し言わせたことを憶えています。でもこんな用心は、別にしなくてもいいことがわかりました。

フランスが解放されました。私は父をすっかり信頼して、彼が戻ってくるのを待っていました。何年ものあいだ、父が戻ってこないなんて、一度も思い浮かべたことはなかったから！

ところが、父から手紙は一通も届かないのです！　私は父を戦争の捕虜と同じようなものだと思っていました。ほかの捕虜たちは戻ってきました。とにかく父が帰ってくるのをずっと待っていました。

父の近況を知るために、母はすぐにパリへ戻ろうと決心しました。これから住む家の準備をしに行かなくちゃ、と母が言いました。それに母は、私が彼女の知人たちの家にいるあいだに、その年の学年を終えてほしいとも言いました。私はその人たちによく懐《なつ》いていましたし、彼らも私を預かってくれることに同意してくれました。

三か月か四か月のあいだ、私は母の知人たちの家で暮らしました。居心地は悪かったのですが、親切にしてもらえました。私は七歳も年上の、その家族の長男がとても好きでした（数年前、私は妻と三人の子供を連れて、彼を訪問すると大歓迎してもらえました）。

母は、たびたび私に手紙を書いてくれました。けれども、父については、けっして触れていません。まったく理解できなかった。どうして、父はドイツから戻ってこないんだろう？　私が住んでいた村では、捕虜たちはもうみんな戻ってきたのに！

母は、私を迎えに来てくれました……。その時、気づきました……。彼女はたったひとりで私を迎えに来たのです。父はいません。

母には、何も訊きませんでした。いま思えば、変な話です。彼女は何も説明してくれなかったのです。

私が何も言わなければ、あとは本当に何もありません。その証拠に、私は母とパリに戻ったら、家族が以前に暮らしていたアパルトマンに帰るものだと思っていました。いいえ、私たちは別の場所に向かいました。母は、前に住んでいたアパルトマンを取り戻すことができなかったから、ちっぽけな部屋を譲ってくれた、ある仲間の人たちの家で仮住まいをしていました。しばらくのあいだ、私はその人たちの家に住まなければならなかったのです。

母は住むところがあったのに、どうして私を引き取ってくれなかったのでしょう？

私はそのわけを訊きました。彼女は困惑して、子供がいてはよくないの、と言いながら返事をぼかしました。私はこの母の返事がまったく理解できなかったのです。

母は、ある幼なじみと再会しました（その男は、むかし彼女に求婚したことがありました）。彼はずっと独身を通していました。一緒に住もう、と彼は母を誘いました。私には、このふたりがとても不愉快でした……。

それからすぐに住居を取り戻すと、私は母たちと一緒に住むようになりました。父について、けっして話題が及ぶことはありません。みるみるうちに私の体が弱っていくと、母は怯えました。でも彼女はそれを窮乏生活のせいにしました。

母は私を少しも理解してくれませんでしたが、医師は野外で過ごすよう私に勧めてくれました。私はオート＝サヴォワ県に出発すると、そこにある農家で一年ほど暮らしました。でも、私はついにそこで自分がユダヤ人であることや……、ユダヤ人であることが何を意味しているのかに気づかされてしまいました。もうドイツ軍の占領は終わっていたから、農夫たちは私がユダヤ人だと知っていました。でも、彼らの馬鹿げた考えのせいで、つまらない思いをしました。それはまったく馬鹿げたことです。私がみんなと同じ体つきをしていることを知ると、彼らはすっかり驚きました。農夫たちは、私と家庭生活をともにしようとしません。しかも私は「よそ者」と呼ばれました。彼らから他の子供たちと一緒に公教要理やミサに行ってほしいと望まれると、私は強く反抗して、何もかも拒絶しました。

これらの出来事を漏らさず手紙に書いて、母に送りました。そんなことは重要じゃないと彼女は考えていたのです。おまえは健康だけを気遣いなさい。母はそう返事の手紙に書き添えました。

まさにそんな時に、父の従兄弟から手紙をもらいました。彼は私をとても親切に気遣ってくれました。彼は自宅にいながらユダヤの習俗を取り戻した、とも言いました。それに安息日《シャバット》(2)も尊重していました。

ユダヤ史とヘブライ語を学習するために見つけた教材を、全部私に送ってほしい、と父の従兄弟に頼みました。独学でヘブライ語が読めるようになったから、自分がとても誇らしく思えました。私はそれを手紙に書いて母に知らせたのに、反応は何もありませんでした。

パリに戻ると、私はユダヤ人の学校に通わせてほしい、と母に頼みました。彼女は本当にしぶしぶと譲歩しました。そんなことは馬鹿げている、と彼女は思っていたからです。家にいる時、母はもうフランス語しか使っていませんでした。「いまの生活になじみなさい。むかしのことは忘れなさい」と彼女は言いました。

健康のためにとか、食べ物の種類が少ないとか、母はそんな口実をつけて、ユダヤ人学校から私を退学させると、普通の高等学校に入学させました。私は一学年の飛び級をしました。それから一年か二年後に、母は法的に再婚しました。義父が私に彼の姓をつけさせようとすると、私はわめきました。ふたりが何も言えなくなるほど激怒しました。

私が一四歳の時に、母は癌を患いました。もう長くないわ、と彼女は言いました。義父は私に彼の姓をつけたがっていたのです。これは彼の固定観念になりました。改名の手続きを了承してほしい、と母の家族から求められました。私が両親と死別して孤児になったら、義父は私の世話をしたがっていました。

母が亡くなる二日前に、私は譲歩しました。義父は私を養子にしました。でもそれは、義父の姓を私の名前に並べてみただけのことです。義父と暮らし始めましたが、それは私の人生で最悪の時期だった……。義父との関係を和らげてくれる母の存在は、もうありませんでしたから。

私は勉強に励みました。

ちょうど研修医として勤めていた時に、私は妻と知り合いました。彼女はユダヤ人でなかったから、義父に好かれなかった。でも、彼女の祖母はユダヤ人だったから、私の妻は星のマークを身に

(2) ユダヤ教では金曜日の日没から土曜日の日没までを安息日としている。原則的にすべての労働が厳しく禁止され、火を使うことすら戒律に背くと考えられる〔訳注〕。

つけていた時があったのです。彼女はロジエ通りという、パリで一番大きなユダヤ人地区に住んでいました。妻はユダヤ教に是非、改宗したがっていましたが、この社会に完全に同化したがっている男が、よくわからない言いがかりをつけてきました。何とかして私は、耐え抜きました。義父は、もう二度と私たちと会いたくなかったのです。私は彼の姓を私の名前から取り除くために、あらゆる手続きを取りました。義父には、もう我慢できなかったからです。

ええ、まだ九歳だった時、私は父ともう二度と再会できないことを理解するのに、八日間も考えなければならなかったのです。父は亡くなってしまった。彼はもう「死体焼却炉」のなかにいる。この死体焼却炉がどんなものか想像してみてよ。きみにはできないでしょう（きっと彼は、ジャンヌ・ダルクみたいだったのでしょうか?）。父は何をした報いを受けて、こんなふうに焼かれてしまったんだろう?

きみは質問をしないね。「どうして」なのって、私に聞いてはいけないと思っているんでしょう。どうして、この男があなたの目の前に現れてしまったのって。ところで、クロディーヌのお母さんは、きみのお父さんのことをもう忘れてしまったの? きみは私の親たちが、ふたりとも嫌になったでしょう。とくに私の義父を。この男は、私がむかしのライバルと瓜二つだということを聞きたくもなかったし、おまけにそのライバルの姓と父子関係までも消したかったんだから……。

かねてから私は臆病者です。もう異常だと思われてしまうくらい……。子供たちと離れ離れになってしまうのを怖れています。私は父の名前を私の長男につけました。父について誰彼なく話したことは一度もありません。父は私のなかで生きています。それだけです。それだけでいいんですよ。私はむかしの写真を見ません。

私はまるで毛嫌いされていないのを知っているくせに、ピリピリして、怒りに身をまかせています。しかも激怒しています。

私はじっと自分の殻に閉じこもっているから、しばしば妻が苦しみます。もう人と共有できる感情は、怒りしかないんです……。ほとんどそれは憎しみです……。

とうとう私は、苦しくなってしまいました。おとなしい顔色を装いながら、憎しみを思い浮かべたり、この感情をあらわにしたりすることが、嫌になりました。私は反発しています。時には自分が感じている暴力を怖れています。

何があっても、私の子供たちはずっとユダヤ人でいてほしいのです。私は幻想なんか抱いていません。だって、一度起こったことはもう一度起こるかもしれないから。けれど私たちには、まさに休止する資格があります。それは過去と未来のあいだで猶予を受けることです……。

イディッシュ語の歌を聞くと……、耐えられなくなります……。泣き崩れてしまうんだ。

それにもう、苦しくなって仕方がありません。わかってくれますか？

※

——昨日、わたしが電話をした時、あなたは今夜から休暇《ヴァカンス》に出掛けると言っていましたね。あなたが忙しいことはわかっていましたが、延期することなく、対談を希望してくれました……。

——ええ。この対談はつらいものだと思っていました。でも、きみがこのテーマに取りかかっているから、私は手助けしなければならなかった。私が嫌だと思っても、絶対にこの対談を逃れられませんから……。きみの論文に参加することは、友人が必要としている時に、少しばかり自分の血を提供することです。

——自分の血ですか？

——ええ。血とは「生命の源」です！

# ポール

では、話を始めましょう。けれども、何を話せばいいんでしょう。ポールが言った。私の話には、考える価値があるものは、何ひとつないでしょう……。とくにあの時代に起こったことは。妻にも、とくにもちろん母にも、私は話したことはないんです。あの時に起こったことをもう二度と考えないようにしています。きみに頼まれたから、対談を了承したんだよ。でも、私が過去に向き合えないと思わないで。逃げたくないから。

それでも父のことは、もう考えたくもないんです。そのわけもわかっています。ええ、すぐに言ってしまいましょう。強制収容所に送られた親を持っている人たちは、きっと優しい気持ちで、それに敬意を込めて両親を思い浮かべるでしょう。でも、私の父は哀れな男だった！

父はまるで馬鹿みたいに、罠に掛かってしまった。私はそんな父の愚かしさが許せないんだ！父はもっとよく考えるべきだった！　こんな父親を持ってしまったせいで、本当にうんざりしています。

対談に戻りましょう。でも、私の話なんかすぐに終わってしまうよ。しかも下らない話だよ。私たちの一家は、一九三九年にロワイヤンへ出発しました。どうしてそうしたのって？　それは確かきみのお父さんが、家族全員をそこに連れて行ったからでしょう。母は私を連れて、寂しく暮らしていました。母と私の世話を引き受けてくれたのは、きみのお父さんでした。きみとＰＣＢ準備級(1)で知り合った時に、私はこの話を後になってから教わりました。きみの名前を聞くと、母はとても驚いていたよ。

それから、母と私はバルカレスで父と再会しました。父は、他のユダヤ人たちと同じように外国人部隊に入隊しました。私は服装が乱れて、悲しそうにしていた父を見ました。おまけに父の体は汚れていた。こんな父の境遇は、耐えられたものじゃなかったよ。汚れている父なんか見たくもなかったし、この父の姿《イメージ》を忘れることはできません。他に憶えている父の姿も嫌なものですが、この時の様子を思い出すと、気分が悪くなります。

また別の父の姿も憶えています。母と私がパリに戻ると、私は父からこれまでのなかでも一番に厳しいおしおきを受けました。父はクローゼットの二重扉の内側に、隠れ場所を作りました。もし、警察が来たら（その時、警察が捜索していたのは、まだ男性だけでした）、そこに隠れるつもりでした。抜け目ないことをするな、と私は思いました。近所にいた仲間たち全員に、父の腕前を披露しました。それに父が作った隠れ場所をあれこれと説明しながら、彼の手先の細かさと、素晴らしい機転を自慢しました。ある仲間の両親が、私の言ったことを母に伝えました。

いまになって、このクローゼットの話を思い返してみると、異常なことに思えます。本当に下らない話だよ！

私は騒がしくて、落ち着きのない子供でした。小学校では、悪ガキで通っていました。家にいる時には、私はイディッシュ語しか使わなかったから、まだ話し始めたころには、イディッシュ語とフランス語をすっかり混同していたはずです！　ええ、それからすぐに、私はとても賢くて、しかも真面目で優秀な生徒になりました。ずっとそのままでいたかったのです。

星のマークについてですが、私はそれを着用していたのかどうか憶えていません。とにかく、父は家を出て行きました。一斉検束の数がどんどん増えていったからです。父は自由地域に着くと、母と私をそこに呼ぼうとしました。ついに父が出発してしまうと、彼は私が励ましてもらいたい時も怖がっている時にも、私のそばにいてくれなくなりました。境界線を越えようとした時に、私はそんなことを思い浮かべていたよ！

母は、私から先に境界線を通過させるつもりでした。私は、自転車の荷台に乗せてくれた女の人の従弟ということになっていました。ええ、私の太腿を傷つけた荷台の金属の棒が本当にしつこく、

（1）物理学・化学・生物学修了証書（Certificat d'études physiques, chimiques et biologiques）の略称。一九三四年に設けられた資格免状。バカロレア取得後、医学部へ進学する意向のある学生は、理学部でＰＣＢを取得することが必須とされていた。一九六〇年に廃止〔訳注〕。

いまでも自分の体に食い込んでいるように感じています。突然、通行止めに出くわすと、私の喉が締めつけられました。女の人が言いました。「森を通らなきゃ。歩きましょう。道はとても長いわ。ぐずぐずしちゃだめよ」。これは予想外の出来事だったのです。お母さんともう二度と会えなくなるんじゃないか、と私は心のなかでつぶやきました。女の人と私は、遠くにある通行止めを見つめました。母は、別の越境案内人《パスール》(2)と一緒にここを通過しようとしていました。母も私たちがしたように、通行止めを避けられるでしょうか?

　私たちはずっと歩き続けていたと思います。ドイツ軍のパトロール警官がひとり、森のなかにいました。私を連れていた女の人は、落ち着いていました。彼女は私を木のそばに立たせると、おしっこをしろと言いました……。この子は急に用を足したくなったから、路を外したの。彼女はそう警官に言いました。運よく、あたりは真っ暗でした。どんなに粘っても、おしっこは出なかった。私は割礼を受けていました。でも彼女も私も、そのことを知りませんでした。

　再び私たちは出発しました。予定よりも二時間遅れて、自由地域に着きました。母は私たちを待っていました。彼女はとても興奮していました。ついに母は私を見ると、さめざめと涙を流しました。

　母と私は、小さい部屋で暮らしました。私は学校に通いました。ここは自由地域です。星のマークをつけていませんでした。あとのことは、何も憶えていません。

いいえ、憶えています。村の学校にいた時に、私はトイレに行かせてほしい、と先生に思い切ってお願いできなかったから、おもらしをして家に帰りました。それが我慢できなかった父は、私を手でめった打ちにしました。父は学校で何があったのか、少しも理解してくれず、私の態度をものすごく嫌っていました。

こんなことがあったのに、父はやっと穏やかになってくれました。それに私を気遣ってくれるようにもなってくれたのでしょう……。私はふたつの出来事を記憶にとどめています。それはどちらも父に強くぶたれたことです。やっぱり、これも変な話だね。

ある朝、父は招集状を受け取りました。一九四三年も終わりに差し掛かっていたころでした。父は憲兵隊本部に行かなければなりませんでした。そこに行かないでちょうだい、と母は嘆願したのに、父は母のお願いに耳を傾けなかったそうです。父が出頭した後に、母が私に教えてくれました。父は自分をユダヤ人だと申告していました。もし、父が招集に応じなかったら、いったい家族に何

（2）占領地域と自由地域の越境の協力を不法に行っていた人々。原語ではpasseur。本来は「渡し守」や「密輸業者」を意味する。越境案内人の組織は、脱走した囚人やイギリス軍の航空兵の避難を協力する抵抗運動の組織網から生まれた。純粋に無私な理由に突き動かされて越境協力をする者もいたが、一方で報酬を求める者も数多くいた〔訳注〕。

が起こっていたのでしょうか?

それでも、私はこの父の行為が許せません。わかりますか。父は、私たちのために彼の生命を捧げました。ええ。私のいのちは二度にわたって父から恩を受けているのです!

もし、父が身分証明書を偽造することを思いついて、ユダヤ人だと申告をしていなかったならば、父はそれでも私たちを救うことができたはずです。まちがいありません!

父は、その翌月に強制収容所に移送されました。アウシュヴィッツに向かう列車のなかで、手紙を書いてくれました。「何も心配しないで。うまく抜け出すよ」。母は、父がアウシュヴィッツに出発したことを知ってから、自傷行為を始めました。彼女は何も食べたがらなくなり、死のうとしました。もはや私に一言も話さず、人の話も聞かなくなりました。

私はすっかり怖くなりました。「お母さんまでも失ってしまう」とつぶやきました。まわりの人たちは、もう学校に行くな、と私に言いました。ユダヤ人の子供たちの捜索も、すでに始まっていたからです。母は呆然としていました。一か月以上も、私は小さなスプーンで母に食べ物を与えました。なんてことでしょう! 母はもう以前の姿に戻れなくなるのではないか。私はまだ九歳でしたが、母を自分の子供のように世話しました!

家の近くに住んでいたユダヤ人たちが、会いに来てくれました。彼らは私たちの状況を聞きながら、母と話しました。身分を変える必要があるな、などと彼らが言うと、母は突然、もとの姿に戻りました。

親族と会うために、母と私はサヴォワに行きました。母はもう落ち着きを取り戻していました。カトリックの友人たちは、私が住むことになる農家を探してくれました。彼らは私のことを、きれいな空気にあたるためにフランスの北部からやって来た、その親族のいとこだと思っていたのです。私は別名を名乗って、ヤギの世話をしました。たまに母が会いに来てくれました。ヤギの群れを連れながら、私は母が従兄弟たちと住んでいる家の前を通り過ぎようとしましたが、母の忠告を守って、彼女を見ないようにしました。

いつも放っておかれていたから、寂しかった。私の仕事は、ヤギの群れが無事かどうかをただ見守っているだけだった。でも、ヤギは私の言うことを聞いてくれるとは限りません。ある日、一頭のヤギがいなくなってしまうと、私は激しく泣き出してしまいました。家に帰るのをためらいました。おまえなんかもういらない、と言われたらどうしよう？　これは生命に関わる問題です！

運良く、私はいなくなったヤギを取り戻しました（私はいまでもヤギが大嫌いです！）。私が暮らしていた家族のなかで、私だけが子供でした。その家族には、ふたりの息子がいました。

——ひとりは対独協力者で、誰もけっして彼の名前を口にしません。

——もうひとりは、地元の抵抗運動の闘士《マキザール》(3)で大隊長を務めていました。

この二番目の息子はときどき、彼の両親と数時間だけ一緒に過ごすために、晩になると家にやって来ました。家族の人たちは家をすっかり目張りでふさぐと、小声で喋りました。私もこの家の一員だったから、家族の秘密を知っていました。私は心からこの人に憧れていました！　彼が家に着くと、たちまち家族に活気が蘇りました。

不幸にも、ある日、この二番目の息子は殺されてしまいました！　彼の両親は酒を飲み始め、量もどんどん増えていきます。カトリックの友人たちは、私のために他の家族を探さなければならなくなりました。つぎに見つかった家族はまるで違いました。ここでは牛を見張りました。さいわい私には、番犬とひとりの相棒がいました。


フランスが解放されると、私は農場の人たちにユダヤ人であることを告げて、母に会いに行きました。母が私たちの住まいと、お金の稼ぎ方を見つけるまで、農夫たちのもとに残りました。母は私が就学を始める時期に合わせて、迎えに来てくれました。私は一三歳だったのに、書き取りと計算がまるでできなかったのです。チュルゴ中等学校に入学しました。勉強ができなかったせいで恥をかきましたが、すぐに挽回しました。

母は父の帰りを待ち続けました。私は違います。それはもう仕方がないことだと思っていました。母を励ましていたのは私です。

私に何も言わないで、他の男を家に連れて来た母をけっして許しません。それも私たちが戻ってきてから、六か月しか経っていない日に。この現実を受け入れなければならなかったのですが、私は拒絶しました。それは彼女と一緒に生きるのを拒むことだったのです。

それから、私はずっと自分の殻に閉じこもるようになりました。すっかり無口になりました。私は学業を成功させて、この状況を抜け出していかなければならなかったのです！

私の妻はユダヤ人です。ユダヤ人でない人と一緒にいても、気が晴れないでしょう。妻の両親は私の父母の友人でした。彼らは私の父について話してくれたよ！

私の娘は、ユダヤ人の男性と結婚してほしいのです。でも私には、何の信仰もありません。私は無神論者ですし、一度もイスラエルに行ったことはありません。失望したくないからです。私はユダヤ人民の歴史を学びました。それは迫害と恥辱、生き延びるための逃亡と、とくに子供を確実に生存させるための逃亡の永遠の繰り返しでした。

私はユダヤ人であることを「恥ずかしく」思っていませんが、誇りにしません。そんなことをしたって、いいことなんか何もしてもらえないでしょう。それどころか、ユダヤ人でいれば人に理解されなくなりますし、私の同一性《アイデンティティー》、つまり、私自身も拒絶されてしまうでしょうから。

（3）「強制労働徴用」を忌避した労働者、農民、外国人たちが独自に始めた抵抗組織の治動家。「マキ」(maquis) は「森林」を意味し、戦闘員たちは当初、山岳地帯や密林に潜伏して抵抗活動を展開した。フランス南東部、中部、南部などでサボタージュ、情報活動、輸送通信の妨害などを行うが、一九四四年初めには三万名から四万名の戦闘員を集め、主要な抵抗組織に組み入れられた。ドイツ軍と激烈な武装闘争を行ったマキは、フランスの抵抗運動の象徴的な存在と見なされている〔訳注〕。

そんなことを考えているせいでしょうか。私にはあまり友人がいません。友人にがっかりさせられることが怖いからなのでしょうか？　まるでわかりません。

私は苦しみながら、自分のユダヤ性を引き受けて、それを負っています。それから、ヒューマニズムと独特な感受性、ユーモアの感覚と優しさと、ユダヤ人の絶対的な理想主義もやはり、私の人生を支えてくれますし、私にとって大切なものです。

## マドレーヌ

わたしは一九三一年に、パリで生まれました。お父さんのことは、はっきりと憶えているわ。だって、彼がピティヴィエの収容所に出発した四一年には、わたしはもう一〇歳になっていましたから。

残酷な告白をしましょう。わたしはお父さんを恨んでいるの。自分におしかかっていた運命に逆らわないで、強制収容所に送られたお父さんを恨んでいます。みっともない話をしていることは、承知してるわ。でもだから今日、話すのよ。三五年ものあいだ胸につかえているものを、あなたに言わなきゃいけないの。わかってもらえますか？

わたしの両親は、その当時、まだフランス国籍を取得していなかったのです。お父さんが警察署へ出頭を命じられたのは、一九四一年でした。人口調査に行かなければ、その家族たちに制裁が下されることになっていました。

そうよ、お父さんが出頭に応じたのは、仕方ないことだったわ。でも、そのあと……。お父さんはピティヴィエの収容所を脱走できたのに、しなかったの！

　お父さんは、とある私宅で働いていました。その家は、収容所から数キロほど離れた場所にありました。彼は、そこに住んでいた人たちと親しくつきあっていたわ。お母さんがわたしを連れて、お父さんを訪問した時のことです。お父さんはわたしたちを駅まで送りたがっていたのに、彼を使っていた人たちに家に戻ると誓っていました。彼らは、お父さんの身に責任を負っていました。ある日、お母さんはお父さんのために列車の乗車券を持っていきました。脱走してちょうだい、わたしたちと一緒に出発して、と彼女は懇願したのに、断られました。お父さんを使っていた人たちは、彼に裏切られなかったし、迷惑も掛けられなかったでしょう。これで、彼がどんな人だかわかりましたね。理想主義者です。お父さんは理想主義者たる仕立屋でした。

　お父さんは賢い人でした。何にでも関心を抱いていたわ。それに本もたくさん読んでいたの。彼は「ブンド」[1]というユダヤ系の社会主義者の組織に属していて、そこで活動家も務めていました。お父さんは、たくさんのことを信じていました。信念で満ちあふれていたわ。たとえアウシュヴィッツにいても、自分を譲らなかったのよ。

　他の被収容所者たちから聞いた話です。お父さんは、ナチスの親衛隊員からカポ[2]になるように指名されました。そうです、カポになることは、ユダヤ人の囚人たちのなかから、ユダヤ人としてナチスの親衛隊員となってしまうことを意味しています。お父さんはカポになることを拒絶すると、その日の晩、電流が流れている有刺鉄線に身を投げて自殺しました。

とにかくお父さんは、死を選びました。一九四二年に強制収容所への移送が始まってからいちばん早い時期に、彼はそこに送られました。ええ、お父さんは収容所で苦しむことはなかったの。わかってもらえる？　これはわたしにとって、たったひとつの慰めになっています。

お父さんは死ぬまで、道徳的な価値が持つ意味を守り続けました。それは認めなくてはならないでしょう？　でも、彼のいのちはもっと大事です！　わたしは、殉教者で死人というお父さんの姿《イメージ》よりも、汚いことをしてでも収容所を切り抜けて、生きているお父さんを愛したでしょう。

わたしは、恐ろしいことを口にしています。そうじゃない？……でも、これがわたしの考えです。

---

（1）一八九七年に創設されたリトアニア、ポーランド、ロシアのユダヤ人からなる労働者総同盟。正式名称は「ユダヤ人労働者総同盟」。マルクス主義政党として民主的な社会主義の確立とユダヤ人の「民族自決」を目指した。一九三〇年代のポーランドで飛躍的な成功を獲得し、ポーランド社会党と組んで社会主義多数派を形成する。しかし、三九年のドイツ占領から首脳部を含む数千名のユダヤ人がポーランドから国外へ亡命した。その一方でブントは、ドイツ占領下のポーランドで抵抗運動を展開し、ナチスの大虐殺に関する情報を四二年の時点で海外に送るなど一定の成果を収めたが、戦争が終わった四八年に解体させられた〔訳注〕。

（2）強制収容所における単位集団の長。ナチス協力者を指す言葉としても用いられた。強制収容所の囚人たちのなかから選ばれた管理者となって、仲間の囚人たちが割り当てられた労働量を遂行するように督励した。カポは他の囚人たちよりも食糧や住居を優先して与えられていたばかりでなく、囚人たちの虐待にも加担した〔訳注〕。

もし、お父さんが目の前にいたら、わたしは同じことを言うでしょう。

地獄のなかにいても、道徳の意味を守り続けること！　お父さんは、非人間染みたものに順応できなかったの。それでも、娘のわたしはお父さんを非難します。わたしは何て恐ろしいことを言っているのでしょう！

わたしは、心のなかにわだかまっているものを一生に一度だけ言うために、あなたの論文を必要としているの。ええ、とにかく、そういうことなのよ。

それでもお父さんは、家族が苦境におちいった時に、お母さんが頼りにしなければならない人物の名前を教えてくれました。お父さんは自分が所属していた組織の人たちに、わたしたちを支援するように説得してくれました。お父さんがしてくれたことは、正しかったのです。彼らは、わたしたちを助けてくれました。偽の身分証明書も発行してくれましたし、住む場所とお金も与えてくれました。それにスイス[3]への移動も手配してくれました。ええ、弟とわたしが生きているのは、お父さんのおかげです。家族にはお金もなく、知り合いもいなかったのです。彼らは、お父さんのために骨を折ってくれました。お父さんはとっても愛されていましたし、もちろん深く信頼されていました。

わたしは手当たり次第に話していますね。だって、どんなふうに物事が経過したのか、うまく言えないからです。

ヴェル・ディヴの一斉検束が行われた朝です。ですから、それは一九四二年七月です（わたしたちはこの一斉検束が差し迫っていることを、お父さんが所属していた組織から教わっていました）。扉を叩く大きな音が、繰り返し鳴り響きました〔「関連年表」一九四二年七月一六〜一七日〕[4]。トイレにいたわたしが水を流してしまうと、ありがたいことに、お母さんは信じられないような機転を見事に利かせて、台所で止水栓があるところまであわてて駆けて行きました。返事をしなくてもいい、おまえたちを監禁しているぞ、それに動くな、と扉の向こうにいた人がはっきりと言いました。

（3）第二次世界大戦中、スイスは中立国の立場を守っていたが、ドイツ軍のオーストリア侵入後に、反ユダヤ主義的な思想に傾いていた警視総監ハインリヒ・ロートムントは反難民政策を打ち出している。一九三九年九月から、ユダヤ人が保有するパスポートには「J」の印を入れることが定められることとなり、四二年七月以降、国境警察はスイスに不法侵入したユダヤ人を含む、フランス系の難民を送還するよう指示を出した。その一方で、多数の民間の市民たちは難民の保護に協力し、三九年九月から四五年五月までのあいだに、五万一一二九名（うち子供約一万名）のユダヤ人と非ユダヤ人の難民たちが正式なヴィザを持たずにスイスへの入国を実現しているように、スイスは最も重要な逃亡地のひとつとなった〔訳注〕。

（4）一九四二年七月一六日から一七日にかけて、パリとその近郊で行われた最大のユダヤ人一斉検束。通称「ヴェル・ディヴの一斉検束」。二日間で一万二八八四名（うち四〇五一名が未成年）のユダヤ人たちが逮捕され、パリ一五区にある「冬季競輪場」（ヴェロドローム・ディヴェール、略してヴェル・ディヴ）に収容された。ユダヤ人たちは劣悪な衛生環境の競輪場に収容された後、ドランシーやピティヴィエ、ボーヌ＝ラ＝ロランドの収容所に移送された〔訳注〕。

同じ階に住んでいた女の人が家のなかから出て来ると、こう話しました。この一家の主人は収容所に連行されたわ。彼の妻とふたりの子供たちは、親戚たちと田舎に出発してから、もうずいぶん時間が経っているのよ。

わたしたちを捕まえに来た人たちは、しつこく追及しませんでした。この女の人は、彼らを束ねていた隊長がまたここに戻ってこなくちゃいけない、と言ったのを聞いていました。つぎの事態に備えて、彼女はすぐに食糧を持ってきてくれました。とくに少しも物音を立てないように、注意しなければなりません。その日の日中に、彼らは三度か四度、家の前に戻ってきました。もう生きた心地がしなかったわ……。わたしはずっとトイレに行きたいと思っていました。

その日の晩、同じ階に住んでいた女性がひらめきました。五階に住んでいた間借り人は、わたしが名前も知らない場所に出発しましたが、彼女に鍵を預けていました。わたしたちはその人が住んでいた五階の家に移動することにしました。お母さんは必要最小限のもの、とくに衣類を用意しました。当然ですが、お母さんはもう二度と自宅に戻らないと考えていました。翌日になったらすぐにこの家を後にして、おばさんにわたしたちが到着することを伝えなければならなかったのです。彼女に恐れるものは何もありません。なにしろ、彼女はユダヤ人でしたが、フランス人でもあったからです。わたしの家からおばさんの家までは、歩いて二〇分ほどの距離でした。隣の家に住んでいた女の人は、わたしたちが到着することを通知するために、おばさんの家に行ってくれました。

翌日の朝、お母さんは厚手のコートと二枚の上着、それから二枚のローブ、あとはスカートをわたしに着せました。星のマークを隠すためにコートをきつく締めて、その上に肩掛けを羽織らなきゃいけないわ、ってお母さんが説明しました。わたしは彼女の前を歩かなくてはなりません。お母さんに何かが及んだり、路上で止められたりしても、とにかくわたしは振り向かないで、前を歩き続けなければなりませんでした。言われたとおりにするわ。わたしはお母さんに約束しました。

わたしの弟を腕に抱いていれば、路上で警官に止められても釈放されるはずよ、とお母さんが言いました。何も口にしないで、彼女に従うべきでした。恐れるものは、何もありません。星のマークさえ見られなければ、髪の毛の色がブロンドで、澄んだ目をした女の子がユダヤ人の少女だと疑う人は誰もいないわ、とお母さんが言い足しました。

わたしはお母さんがいるところから、二〇〇メートル先を歩きました。手足がすっかり震えていて、怖くて死にそうだったわ。両脚はたじろいでいるようでした。わたしはおばさんの家に着きました。それから五分も経たないうちに、お母さんと再会できました。ここに着いたとたん、わたしは神経症の発作を起こしてしまいました。気が鎮まるまで、しばらく時間が掛かりました。

七月も中旬になっていました。ひどい暑さだったのに、少女だったわたしは、真冬を過ごしているような格好をしていました……。ただでさえ、わたしの髪の色はブロンドで瞳の色も澄んでいるのに、こんな服を着ていれば、もう目立ちすぎました。

なんていう朝だったのでしょう！　ちょうど一〇時ごろだったと思います。わたしは外を眺めるために、窓辺にいました。表通りから騒音が聞こえてきました。お父さんと同じ歳くらいの男の人を、複数の警官たちが連行しようとしていました。その人はわめき声をたてて、もがいていました。それから、地面に引きずられていきました。この光景は、ずっとわたしの記憶に刻まれています。いままでの人生のなかで、けっして見たこともなかった、このうえもなく恐ろしい光景です。これはもう忘れられません。アパルトマンのなかで、わたしは気が狂ったように泣きわめきました。この光景を見ることに、耐えられなかったからです。

その日の晩、わたしたちは鉄道に乗って、自由地域に出発しなければなりませんでした。お母さんと弟、それにわたしは（お父さんが参加していた組織に雇われた）男性と一緒に移動しました。わたしと弟はこの男性の子供たちで、お母さんは彼の義理の女きょうだいということになっていました。それを装うために、わたしたちはたくさん稽古をしたわ。弟はとても幼かったから、危ない目に遭う心配はまったくありませんでした。

けれどもその時、お母さんは身分証明書をまだ手元に受け取っていなかったの。そんなことがあったから、越境を手助けしてくれた人《パスール》は、怖がっていたのを憶えています。出発できるのは、その翌日だけでした。列車の一等席に乗って、出発しなければならなかったのです。できる限り優雅に着飾ってほしい、と越境を手助けしてくれた人がお母さんに頼みました。お母さんは衣装には困っていませんでした。彼女はおばさんが持っていた、とてもきれいな帽子を被っていました。前日に列車に乗り損ねたことは、幸運でした。列車のなかで細かい調査が行われていたからです。それにお母さんの話し言葉には、誰にでもすぐに気づくなまりがありました。

わたしたちが乗っていた列車で検札が行われましたが、わたしたちがいた車両にはありませんでした。列車はリヨンに着きました。スイスへの出発を待つあいだ、組織はお母さんに、わたしと弟を城館に入れるように勧めました。そこには、ユダヤ人の子供たちだけが滞在していました。弟はハシカにかかっていたから、もう彼のそばに近寄れなくなってしまいました。わたしはこっそりと城館に行きました。

それから、スイスへ出発することになりました。越境を手助けしてくれた人は、赤ん坊を抱えた夫婦と、五歳から六歳の子供を連れていたもう一組の夫婦と、そしてわたしの母とわたし、それにわたしの弟を連れていました。移動中のことは、何も憶えていません。お母さんはその時、ずっとわたしの弟を腕に抱いていなければなりませんでした。弟の体は重かったから、お母さんが彼を抱けなかった時には、越境を手助けしてくれた人が入れ替わって、弟を肩に乗せてくれました。弟は大喜びしました。その後、わたしたちはこの人と別れました。彼に頼らないで、移動を続けなければなりません。国境に着くと、あとは直進するだけでした。

その日の夜、わたしたちはもたもたしてしまいました。そのせいで、イタリア人の警官たちに見つかってしまいました。なんてことでしょう！　そこにいたのは、お母さんとわたしと弟、それから一組の若い夫婦と彼らの赤ん坊でした。この夫婦は、少しだけ立ち止まってしまいました。ふたりが連れていた男の子の赤ん坊は、もう力尽きていたからです。警官たちは、足踏みをしていたわたしたちを見ました。彼らは樹木のうしろに隠れていました。

お母さんは警官たちに嘆願すると、赤ん坊と、わたしと弟のふたりを彼らに見せました。警官たちにも子供がいたのかわかりませんが、ドイツ軍ではなかったから、慈悲がありました。どうやってここを出発するんだ、と訊ねられました。それから一〇分後、わたしたちはアヌマッスを経過して、スイスに着きました。

スイスに着いてから二、三日が経つと、弟とわたしは難民収容所に入りました。さらに一週間から二週間が過ぎると、子供たちを家庭で迎えてくれる人たちがいると教わりました。ここでお母さんと別れなければなりません。弟とわたしは別の子供たちと一緒に列車に乗りました。子供たちの首に掛けられているプラカードには、それぞれ子供たちの名前が記されています。列車から降りると、迎えてくれる家族の人たちが、子供たちを待っていました。その時、わたしは弟と別れることがわかりました。でも、わたしと弟を預かってくれた家族の人たちは、お互いに顔見知りでした。

わたしを迎えてくれた家族の人たちが、優しくしてくれることはありませんでした。彼らと一緒に食事することは、ほとんどありませんでしたから。わたしは学校に通いました。学校では、スイスのドイツ語しか使われていなかったから、わけがわからなくなりました。お母さんはしばらくのあいだ、子供たちを訪問することを禁止されていました。わたしはベッドを整えたり、食器を洗ったりして、家のなかをすっかり掃除しました。とくにその家族の父親と息子が履いていた狩猟ブーツを磨かなければなりません。その靴はひどく汚れていました。

わたしにチョコレートは分けてもらえなかったわ。優しくしてくれたのは、チューリッヒの学校に通っていたその家の長女だけでした。休暇中、彼女は家に戻ってくると、すぐに自分のチョコレートをわたしに分けてくれました。わたしはずっと彼女に手紙を書いています。彼女はわたしの夫と息子たちを知っています。彼女は両親と折り合いが悪かったし、彼女の母親がわたしに下す仕打ちにも反対していました。だって、いつもわたしは叩かれていましたから。

その後、お母さんと初めて再会しました。家族を変えてちょうだい、とわたしはお母さんに頼みました。それから六か月後に、別の家族のもとに移りました。わたしはこの家の手伝いを何もしなくてもよかったのです。誰もわたしを構ってくれませんでした。でも、チョコレートはもらえました。まったく無関心のまま放っておかれました。その方がずっと楽でした！

フランスが解放されると、お母さんはたったひとりでパリに戻りました。弟とわたしは、それからまだ数か月もスイスに残りました。わたしたちは、子供専用の車両に乗って帰還しました。

ある日曜日、両親の友人たちが、わたしに会いにチューリッヒまで来てくれました。彼らの娘はわたしと同い齢です。みんなで話し合いました。マルグリットとわたしはフランス語で、彼女の両親はイディッシュ語を使いました。突然、彼らはポーランド語で話し出しました。わたしはマルグリットの両親のそばまで歩いて行くと、彼らを見つめて言いました。「わたしのお父さんは亡くなったんでしょう？　だからポーランド語で話したのね……」。彼らがどう反論しても手遅れでした。

突然、そこで何を彼らが話していたのか、はっきりとわかりました。

わたしがパリに戻ると、お母さんはわたしをホテル・リュティシアに連れて行きました。だって彼女は、お父さんが帰ってくることをまだ信じていたから。お母さんの姿に気づいた両親の友人が、お父さんはどんなふうに自殺したのかを話してくれた時、わたしは彼女と一緒にいました。

おじがわたしたちと一緒に暮らすために、やって来ました。お母さんの姉妹の夫だった人です。妻と娘たちが強制収容所に送られると、彼は取り残されて、ひとりぼっちになりました。ユダヤの慣習では、女性は家族の他の成員とできるだけ早く再婚することが求められていますし、それは尊重されているのです。

家にいると、わたしはいつも何でもないことで、おじと衝突しました。お母さんは折り合いをつけようとしました。もう我慢できなかったわ。おじの眼を見ると、わたしは憎まれていると思いました。わたしは彼の娘、つまりわたしの従姉妹にとてもよく似ていました。「どうしてこの娘が生きていて、私の娘は死んだのだろう?」。おじはそう考えていたはずです。でもわたしは、「どうして、このおじは生きているのに、お父さんは死んでしまったの?」と思っていたわ。お父さんがいた場所は、このおじにそっくり取られてしまいました。

弟がわたしと衝突することはありませんでした。でも弟は、わたしを怠け者のように扱ったわ。それというのも、わたしが学校で悪い成績を取っていたからです。だけど、勉強は続けたかったわ。

優れていたのは、ドイツ語だけでした！

お母さんとおじは、パン屋を経営しました。わたしは店の手伝いをしなければなりませんでした。学校を辞めてほしい、とふたりから求められました。口論が止むことはなかったわ。わたしは一日中、彼らと一緒に働きました。おじは、きっとわたしを売り子にしたことを後悔したでしょう！

わたしは、二〇歳の時に結婚しました。

「くつろいだ」気分でいたことなんて、一度もありません。わたしはできるだけうまく人を騙していたの。人間関係は明るくて、人づきあいもよくて、とてもはつらつとしていました。でも本当は、何もかも自分の心のなかに閉じこめていたの。生きることがつらかったから、ひとりぼっちになると、よく泣いたわ。

わたしには、自殺願望がありました。夫と長男と別れなければならなかった時に、初めて自殺したくなったことに気づきました。

でも、わたしはふたりが戻ってくることを知っていました。もう何も怖くなかったわ。

そう。わたしは戦争から完全に立ち直っていないの。恐れていることはたくさんあります。わたしはときどき不安になります。それに恐怖にまで襲われることがあるのに、この感情がどんなものなのか人に説明できないの。わたしはひとりぼっちで、孤立しているとも感じています。もうすっかり見捨てられているんです。

弟はわたしよりもずっと恵まれています。物事を理解するには、彼はまだ幼すぎましたから。弟は難局をうまく抜け出せました。でも彼は、目の前でお父さんの話をされるのをとても嫌がります し、それは耐えられないことみたいなの！　おかしなことだわ！

あなたはとてもいい研究をしていますね。ええ、強制収容所に連行された父母の死は、きっと「無駄な」ことではないでしょうから……。わたしはこれからおばあさんになるでしょう。わたしの孫世代の子供は、わたしたちが被ったことを、もう何も経験しなければいいのですが。その子が人生を始めるために、これだけを願っています。

# マドレーヌの弟ジョゼフ

私は父を憶えていません。写真でしか、彼を知りません。だって父は、私がまだ四歳だった時にいなくなってしまったから。

とにかく、私は父を失くしたのと同時に母と家も失ってしまった、と考える時があるんだ。驚いたでしょう。私の母はたんに母親を名乗っているだけです。ええ、それだけだよ。私と母のあいだに、似かよったものは何もないから。私がスイスのお母さんと呼んでいる人こそ、私の本当のお母さんなんだ。

やっとスイスで収容所に落ち着くと、すぐに親と子が引き離された。はっきり言って、これは大成功だった。

子供たちは列車に移されると、走り出しました。新しい家族が待っている方角に。二番目のお母さんと対面すると、ふたりはすぐに一目惚れをしました。とてもきれいな女の人だったよ！　彼女は四〇歳の「オールド・ミス」だった。豊かな顔立ちから、優しさがにじみ出ていたよ（スイスのお母さんは、いま七七歳です。私はしょっちゅう彼女に会っています。彼女は病気を患っているので、心配しています）。私が生きているあいだに、目一杯の優しさと愛情を注いでくれたのは、彼女だけです。

スイスのお母さんは、息子を持ちたいと夢見ていました。私も彼女のようなお母さんが欲しかった。私たちにとって、これに勝る幸運はなかったよ。彼女は、ほんのわずかなフランス語の単語しか話せないし、私もスイスのドイツ語をこれまで聞いたこともなかった。けれども、私たちはよく理解し合っていたよ。

私がスイスのお母さんの家で暮らしたのは、たったの三年間でした。私が出発しなければならなくなった時に、お別れがやって来ることは、身にしみてわかっていました。私たちは一緒に泣きました。すぐここに戻ってくるためなら、何でもするよ。私はそう誓いました……。この誓いが叶うのを信じていました。

その日の晩、スイスのお母さんはいろんなことを話してくれました。彼女は、日ごろから私の暮らしぶりや、言葉の上達の早さに感心していて、私を誇りにしてくれたそうです。私は本当にスイス人のように話していました。とにかくフランス語を完全に忘れていたのです。

戦争から帰還しました。でも、それは、ひどいものだった！　すっかり幻滅したよ！　戦争中に起こった出来事のせいで、母は途方に暮れていたから、私を邪魔者のように引き取りました。二日もしたら、母の気が惹けないことがわかりました。私の姉ですか？　私と姉に共通しているものは、何もありません。義父になったおじは、まったくひどいやつだった！　でも幸運にも、私と姉の二人はスイスのドイツ語が話せました。フランス語を忘れていなかった姉は、私のためにフランス語に訳してくれました。

姉とおじの口論が収まることはなかった。母はどっちつかずの立場を取りました。誰も私を構ってくれなかった……。誰にも話しかけられないまま、丸一日を過ごしました。親しい仲間もいません。母がパン屋に出て行くと、学校に行きました。母は私が学校からきちんと戻ってきたのか、また何時に戻ったのか、そんなことを知ろうともしなかった。学校で何があったのか、そんなことを聞いてくれる人なんか誰もいなかったよ。ひどいでしょう！

私は準備課程(1)に入れられました。学校で授業を始めたばかりだったころ、私はフランス語が理解できなくて、机の上で寝ていたよ。先生からは放っておかれました。

先生は二度か三度、母を学校に呼び出しました。でも、母は面会することなんか忘れていて、学校に行かなかったのです。先生は同僚たちと一緒に、私の問題について話し合わなければならなくなりました。補習科(2)の授業を担当している先生が、いつもひとり控えていました。ドイツ語を知っていたその先生は、毎日一緒に勉強しないか、と私に言ってくれたんです。この先生がフランス語

(1) 初等教育（小学校）の一年目、幼稚園卒業後の六歳時に入学する〔訳注〕。

を教えてくれることになりました。

　彼の名前が当てられますか？　ラルマン《ドイツ》先生（3）です……。

　先生は一年間、一銭も受け取らず、食堂が開いている時間に、私をそこに連れて行ってくれました。晩になると、一緒に勉強しました。私はラルマン先生に救われたのです。先生は読み書きを教えてくれました。私のそばに本当の友人ができました。ある日、私は家族が働いているパン屋まで先生を連れて行きました。その年の学年が終わったから、母の方から先生にお礼を述べてほしかったのです。先生を出迎えた家族の態度には、本当に気が詰まりました……。これこそ私が友人を家に連れて行った、最後の機会になりました。

　ちょっと変わった話もあるよ。私はドイツ語しか話せなかったから、近所の子供たちから「ドイツ野郎《ボッシュ》」というあだ名をつけられました。そのことをラルマン先生に話したら、彼は問題をすっかり解決してくれたよ。

　先生が地方に行ってしまうと、私はまた取り残されました。スイスのお母さんに手紙を書きました。休暇《ヴァカンス》になったら、再会したかったからです。彼女と再会することに、何も問題はなかった。けれど旅行するには、お金が要ります。そんなものは持っていなかったよ。スイスのお母さんと再会するまでに、それから三年から四年も掛かってしまいました。でも、それは素晴らしかった。私は自分の家を再び見つけました。

　母は私たちの関係が我慢できなかった。彼女は強く嫉妬しました。愚かにも彼女は妬いていました。ただそれだけです。

私はしょっちゅう外出しました。家にいても息苦しかったからです。好きな時間に、家に帰りました。晩の九時前までに戻れば、とやかく言われなかった。木曜日になると、ずっと家の外で過ごしました。私がどこにいたのかさえ気にかけてくれた人は、誰もいなかった。

一枚だけ父の写真を見つけました。夜になると、この写真を毛布の下に隠したことを憶えています。よく泣きました。いいえ、嬉しかったからじゃないですよ。

私はほかの子供たちのように、映画にも、リュクサンブール公園にも、動物園にも出かけたことはなかった!

おじは週に一度、ドッグレース遊びをしました。その時は、家族全員で出かけました。

ある日、私はうんざりしてしまいました。ただうんざりしてしまっただけです。家を飛び出して、ずっと歩き続けました。へとへとに疲れ果てた挙句、夜の一一時に、おばさんの家に着きました。何も食べ物が喉を通らず、もう眠るしかありません……。もうほかには何もできなかった。おばさ

（2）上等初級教育（一一歳から一二歳の生徒が対象）の修了後に設置されていた学級。対象年齢は一四歳から一六歳。手工業技術の修練を目的とする。一九五九年に廃止〔訳注〕。

（3）ラルマン（Lallemand）はフランス人の苗字のひとつ。フランス語でドイツ人やドイツ語を表すL'allemandという言葉に由来する〔訳注〕。

んは、私のことを母に報告しました。母はずっと心配していたようです。その時には、私はもう一三歳か一四歳になっていたはずです。口喧嘩をしたり、ひどく退屈したりしていたから、家を飛び出したわけではありません。ちがいます。もうあんな家には住めないと思ったからだよ。家には戻りたくもなかったから、一週間くらいおばさんの家で寝泊まりをしました。それから、私は家に戻りました。でも、この出来事を口にしようとする人は、誰もいなかったのです。

その後、姉はいまの私の義兄を紹介してくれました。彼のおかげで、私は生きる力を取り戻しました。彼が私のお兄さんでいてくれて助かった。まだ若い人でしたが、彼が父親だったらよかったのに。義兄には気に入ってもらえましたし、私も彼を大切にしました。私のそばに、たくさんのことを話し合ってくれる人ができました。義兄は、私が初めて就いた仕事を見つけてくれました。それにいつも助言を与えてくれました。私は本当に義兄のおかげで甦ったのです。

おじが亡くなると、私は母と住むようになりました。そこでは食事をして、眠るだけでした。壁が私たちを隔てていました。母と私を。

私は悪夢を見ました。涙を流したせいで、夜中に目を覚ましたことさえありました。でも、こんな悪夢を見るのも、だんだん珍しくなってきました。私はアウシュヴィッツの近くにいます。嘆き声のようなものが聞こえてきました。私は他の人たちを連れています。「叫び声を止めてくれ。どこかに開いている穴のなかから、叫び声が聞こえる」。彼らに言いました。彼らはまるで狂人でも見るかのように、私をじろじろ見つめました。「いや、ここには何もない。ほら、誰もいないぞ」。彼らが言いました……。でも、私は彼らと一緒にそこを立ち去ることができません……。放っておいてくれ、ひとりにさせてくれ、と言いました。その後、私はひとりでそこに残されました。すぐに恐ろしい叫び声とうめき声のようなものが、再び湧き上がってきました。霧のなかに、輪郭のようなものが浮かんでいるのに気づきました……。死体焼却炉はまだ動いているのです。真実は隠されていたのか?……　私は目に涙をためて、恐怖に震えながら目を覚ましました。

ある日、妻が恐がりました。私がこんなことを言ってしまったからです。「もし死ぬなら、子供と一緒に死にたい」。だって、父親が死んだ後に孤児になることは勧められないからだ。私は妻にそう理由を説明しなければいけませんでした。あなたはお父さんが「まともな理由」で死んだことを知ってから、孤児になったのを認めなきゃいけないわ。でも、ひどいことね！　あなたはお父さんを失ってから、家族と生活環境、住む国や言葉を五歳の時に変えてしまったのよ。それから三年後、あなたはもとの暮らしに戻った。今度もあなたは、他の人たちと別の言葉で話して、自分のおじさんを義父としてもらった。あなたは自分が誰なのか、どこで暮らしているのかも、もう何もわかっていなかった。どうして、何もかも「あべこべ」に時間が流れていってしまったのでしょう。難しいわ！

ええ、私はユダヤ人であることを、少しも嬉しく思っていないんだ。私は神を信じないし、宗教にも反発しています。ユダヤ教には腹が立ちます。感情的な言い方をすれば、ユダヤ教なんか最悪だよ。だって、父はユダヤ人だったから殺されたんだと、いまでも思っているから。でも、どうして私がユダヤ人であることを快く思っているのか、きみもそのわけが知りたいでしょう?

一度だけ、私は妙な反応を示したことがあります。一度もイスラエルに行ったこともないのに、六日間戦争(4)が起こると、志願兵に是非とも加わりたくなった。その理由は、きみには絶対に見抜けないはずだよ。イスラエルには、強制収容所に移送された人たちの名前にかけて一本ずつ樹木が植えてあります。私は父の樹木を守らなければならなかった。この樹木がなくなれば、彼の生命は、もう一度奪われてしまうことになるから。それに墓までも冒瀆されてしまうことにもなるんだ。私の心のなかで起こったことを、きみに説明できません。私はわめきたかった。ただずっとわめきたかった。

この樹木の話はさておいて、父は人間の価値とは何であるのか教えてくれました。彼はカポになることを拒否しました。これは私の誇りです。父は貶められずに済みましたから。

私には、自殺願望がありました。とくに思春期にかけて……。けれど、足を踏み外せなかった。そんなことをしたら、父に対して恥を覚えたでしょうし、彼も無駄に生命を捧げてしまったことになったでしょう!

私が生きているのは、父のおかげです。父に人格が備わっていなければ、彼の友人たちは、私たちを本当に救済してくれなかったはずです。彼らは、父のためにそうしてくれました。私たちのためにではありません。

私の父は、陽気な人だったのでしょう。でも私は、子供たちと笑って、遊ぶことができない自分を咎めています。だって私には、そんな習慣はひとつもありませんでしたから。楽しめるようになるには、ちょうど私がフランス語を覚えたように、自分から学ばなければなりません……。母が私に言いました。おまえには戦争の傷跡もないし、お父さんを失ったことも寂しく思っていないでしょう……。だって、おまえはお父さんを憶えていないから。

戦争の傷跡が「刻まれて」いないユダヤ人の子供なんて、存在するのでしょうか？

（4）一九六七年六月五日から一〇日まで、イスラエルがエジプト、ヨルダン、シリアとの間で行った戦争。第三次中東戦争とも呼ばれる。六月五日にイスラエルが奇襲攻撃を仕掛け、電撃的にこれら三国を攻略。イスラエルはわずか六日間で、ヨルダン川西岸地区、ガザ地区、シナイ半島、ゴラン高原を占領し、それ以降、パレスチナ全土に支配を及ぼすことになった〔訳注〕。

# サミュエル

どうして、対談を引き受けたのでしょう。私にはわかりません。きっともう何年も、きみと会っていなかったからだよ。この対談はきみと再会して、夜の時間を一緒に過ごすための口実なんだよ。私の末っ子をまだ知らないでしょう。やっぱり、他のことを話すために、きみと会いたかったなぁ。私の子供の話は、つまらないものじゃないよ。精神医学的な側面があるから！　ええ、でも、私は精神医学とか心理分析に関係することを、すっかり恐れているんだ。

たぶん、きみは知らないでしょう。でも、すぐに話しましょう。初婚の時にもうけた私の長男は、二年前から施設に入って、「統合失調症」の治療を受けています。ひどいことだよ！

本当につまらない話をするよ……。こんなのは月並みな話だよ！　私は一九三三年に生まれました。私には、姉がひとりいます。私たちの一家は、北フランスに住んでいました。

両親は既製服店を営んでいました。父は腕利きの毛皮職人でした。家族の暮らしは、恵まれていたと思います。

父は戦争に動員されると、子供たちを連れてパリに行け、と母に求めました。その後、父はすぐにパリに来て、私たち三人と一緒になりました。

私たちが自由地域へ出発した時には、まだ誰も星のマークを身につけていなかったはずです。でも、本当にそうだったのでしょうか。

境界線を越えた時のことだけは、憶えています。最初にそこを通ったのは、父でした。私は母と姉と一緒にいました。長い時間、ひたすら歩き続けなければならなかったし、とくに一言も話してはいけなかったのです。その時、私は恐れていなかったのですが、ただとても疲れていたような気がします。

私たちは最初にニースへ出発しましたが、この街のことは何も憶えていません。本当に、記憶は空っぽです。それから、家族は一九四二年にリヨンで再会しました。どうしてなのって？　私にはわからないよ。

リヨンに住んでいた時、私は星のマークをつけていませんでした。なぜなら、私は苗字ではなく、ファーストネームを変えていたからです。私はミドルネームを名乗りました。いまでも私は、この名前をファーストネームとして使っています。私の苗字は、とてもフランス語らしい響きがします。両親はフランス語を流暢に話していました。危なかったのは、聖書に由来している私のファーストネームだけだったのです。

ファーストネームを変えるまで、私は優秀な生徒でしたし、学力も平均年齢の学力を上回っていました。不思議なことですが、ファーストネームを変えると、クラスで一番下の成績を取るようになってしまいました。

リヨンにいた時、私たちは小さな部屋に住んでいました。部屋はふたつあって、まるで屋根裏部屋を改築したような造りをしていました。

父は抵抗運動《レジスタンス》に潜入しました。彼がどんな肩書を持っていたのかわかりません。私が憶えているのは、寒かったことと、彼が抵抗運動の闘士《マキザール》たちのために、革のジャンパーを作っていたことだけです……。

ある晩の一七時ごろ、父は手渡された住所まで、革のジャンパーを届けに行きましたが、ゲシュタポに捕まってしまいました。すべての抵抗運動の組織網も、その時に潰されてしまいました。一九四四年一月三一日のことです。

父が強制収容所に送られたことを、人に話すのを恥じていました。私は家畜用の運搬車両や、縞模様が入ったパジャマや丸刈りにされた被収容者たちの頭など、彼らのグロテスクなイメージを目に浮かべました。それにしても、恥ずかしかった。だから私は、父は抵抗運動の闘士として捕まって、ドイツ軍に銃殺された、と子供たちに言ってきました。どうして、そんなことを言ったのでしょう。とにかく私は、父の死を恥じていました。

父がアウシュヴィッツに送られたのは、一九四四年三月七日のことです。あとで聞いた話だと、父は最後に出発した移送列車に乗ったそうです。移動中に生き延びた人々は、到着するとすぐにガス室で虐殺されました。きみはガス室のシステムを知っているでしょう。そこではシャワーを浴びるために、タオルのようなものが与えられます。これで作業はおしまいです。

父が二度と戻ってこないとは、絶対に思っていなかった！ ええ、彼は機転が利く人でした。体格も私とそっくりで、身長は一八〇センチもありました。それにスポーツも大好きでした。一九四四年三月といえば、戦争はもうほとんど終わりに差し掛かっていた時期です。

戦争前の最後の休暇に、私たちはふたりで釣りに出かけたよ。私と父のふたりだけでした。


対談を続けられません。もう無理です（サミュエルの体は崩れ落ちて、彼は狂ったように泣きじゃくった。テーブルに頭を置き、腕で頭を隠した。こうして三〇分以上も慟哭したが、彼は自制しようともしなかった。泣いているあいだに、「パパ、パパ」という、とても子供っぽいうめき声を二度か三度繰り返した。突然、サミュエルは泣き止むと、一息でこう言った）。これはきみにはわからないし、誰も知らないことなんだ。私が父と口喧嘩したのは一度きりです。そのせいで父は、機嫌を損ねてしまったんです。仲直りをしないまま、彼は家を出て行きました。父が逮捕されたのはその晩です。どんなに私が後悔しているか、わかってもらえますか？ まちがえていたのは、私です。私は読んでいた最中だった挿絵入りの本を二冊も持っていたのに、父に譲らなかったのです。彼は漫画が大好きだった。どうして、こんなことをしてしまったんだろう？　父は、私に腹を立てたまま家を飛び出して行った。口喧嘩が父と交わした最後のお別れです。なんてことなんだ。父は口喧嘩の相手として、ふさわしい人ではありません。彼は優しくて、私に対しても辛抱強かった……。きっと私は甘えすぎて、余計なことをしてしまったんだ……。その晩、私たちは父をずっと待っていました……。とにかく待っていました……。姉が父の知らせを訊きに行きました。

隣家の人が、父がどうなったのかを私に知らせてくれました。彼が捕まってしまったという実感は、何もなかったのです！　その晩、私たちは友人たちの家に泊まりに行きました。持ち物はすべて、住んでいた屋根裏部屋に放っておきました。翌日、母と姉、それに私はある村に出発しました。確かサヴォワにあった村だと思います。

フランスが解放された時、私たちはかなり奇妙な場面に遭遇しました。その時私は、恐ろしい思いをしました。抵抗運動の闘士《マキザール》たちが家に現れました。彼らは、私の母をドイツ人のスパイとして連行したかったのです！　彼らはある日、母が私のおばさんとイディッシュ語で話しているのを、路上で聞きました。彼らにとって、これは許しがたいことでした[1]。その時、母と一緒にいたのは、私だけでした。ちょうど彼らが家に来た時に、姉が家に戻ってこなかったら、いったいどうなってしまっていたでしょう？　一六歳だった私の姉は、とびきりの美人だった。この組織の指導者《リーダー》は、姉のことを噂で聞いていました。それから、姉はこの男に連れられて、家を出ていきました。その時、指導者が打ち明けました。彼女を喜ばせるために母親を釈放したのに、私たちがドイツ人のスパイじゃないと本当のことを言うとは思ってもいなかった、と。この状況は、私たちがユダヤ人であることや、父が逮捕されたことと比べものにならないほど危険だと、私ははっきりと感じました[2]。

母はもう何も持っていません。お金も店も、住む家もなかったのです。父がどうしているのか、それに私のために何をしていいのかもわかりません。母は、ひとりぼっちで残された母親たちを支援するために建てられた、子供たちの家があると教わりました。六か月以上も、私はこの家で暮ら

---

（1）イディッシュ語とドイツ語の関係については、一三頁傍注（4）を参照。ドイツ語とよく似ていたイディッシュ語を使っていたせいで、サミュエルの母はドイツ人と誤解されたことを指している〔訳注〕。

（2）一九四四年六月から五一年ごろにかけて、夥しい数の対独協力者たちへの粛清が合法的、あるいは非合法的な手続きによって行われた。この後者は「野蛮な粛清」とも呼ばれ、フランス国内軍（Forces françaises de l'intérieur : FFI）に属していた抵抗運動の闘士たちによって民兵団や対独協力者たちに処刑、リンチ、暴行、略奪などが加えられた。なかでも、ドイツ軍と内密な関係にあったとされる女性たちへの丸刈りは、この粛清を象徴する光景として記憶されている。「野蛮な粛清」には、略奪行為のみを目的とした、いわゆる「偽レジスタン」も数多く含まれており、フランス国内軍の実員も解放期には、五倍にまで膨れ上がったとも言われている。これら非合法的な粛清によって処刑された死者の数は、約九〇〇〇名と推測されているが、その正確な総計は不明のままである。このシーンでは、サミュエルの姉が嫌疑を打ち消さなかったら、彼の一家は粛清の対象として、連行されていた可能性があったことを示唆している〔訳注〕。

しました。

しばらくすると、母は再婚しました。アウシュヴィッツで四人の姉妹を亡くした義父の姪が、私の最初の妻になりました。私はかなり若年で結婚しました。私は勉強を始めて、妻は出産を待ちました。でもその時は、私たちはまだ結婚していなかったのです。婚姻届を出さなければならなかったのに、それができなかったから。私たちは深く愛し合っていたのに、ふたりとも困惑し切っていました。なぜなら、妻はまだ一七歳になっていなくて、私も一九歳ではなかったからです。

息子が一〇歳になった時に、妻と私は離婚しました。妻は非ユダヤ人の工場労働者と再婚しました。

息子は、彼の義父とうまくいきませんでした。私は再婚したらすぐに、息子を引き取りました。私は、先の戦争をまったく知らない北アフリカ出身のユダヤ人の娘と再婚すると、他に三人の子供をもうけました。

長男に申し訳のないことをしてしまいました。どのようにして、彼が欲しがっているものを与えていいのか、妻と私はわからなかったから。私の父は命を支払いました。息子も父と同じように苦しみながら、別のやり方で犠牲を払いました。私も代償をたっぷり払ったよ。

たとえ休暇中でも、子供と離れたくありません。

私にとって、一月三一日が他の日と同じように過ぎていくことは滅多にありません。

ええ、父がいなくなってから、私は涙をもう二度と流せなくなりました。内に閉じこもっているようにも感じています。泣くことすら、忘れてしまったのです！

ある日、強制収容所に移送されて家族を失った、二人か三人のユダヤ人女性を取り上げたテレビ番組が放映されました。それはちょうど私が再婚した五年か六年前のことです。この番組のあらましは、彼女たちは妻や母としての新しい人生を、どのように引き受けたのかを見てみようというものだった。

私の最初の妻は、番組に出演することを了承していました。彼女は、それはもう終わったことで、わたしは幸福な結婚をした、と言ったのです。そして、すてきなふたりの娘たちについてたくさん話しました。その晩、長男は私たちと一緒にテレビを見ていました。でも、彼女は彼について、一言も触れなかったのです。

その翌日、息子は初めて発作を起こしました。息子の発作には、この番組の内容と因果関係があるのではないか、と私はずっと考えていました。といっても、ともかく息子はすっかり衰弱してしまいました。ああ、私はそのことを話す気にどうしてもなれません！

# ポレット

ええ、あなたと対談をしてみることにしました。でも、怖いわ……。わたしはほんとうに恐れているの。あなたのためでなければ、けっして対談を受け入れなかったでしょう。話し終わったら、もっと気持ちが楽になってくれていますように。でも、どうしてそんなふうに思っているのでしょう。わからないわ……。

あなたにとても面白いことは話せません。わたしの人生なんか、とても平凡なものよ……。ありふれた人生なの……。わたしはかくまわれました。お父さんは強制収容所に送られて、そこから戻ってこなかったの。お母さんは、あっさりと自分の夫を取り替えてしまいました。お父さんを取り替えてもらいたくなかったわ。ただそれだけよ。以前に、すっかり話したわね。

——もう一度、お願いします……。

——お兄さんは一九三五年に、わたしは一九三七年に、ふたりともアルザスで生まれました。ひとつだけお父さんの思い出があります、それはなんでしょう？　わたしは食べたくなかったのに、お母さんは無理やり食べさせようとしました。ちょうどその時、お父さんが家に帰ってきたから、わたしはそこまであわてて駆け出したわ。お父さんは背の高い人でした……。わたしが脚に抱きつくと、お父さんはわたしを腕に抱いて守ってくれました……。いつもわたしは、この時に見た彼の大きな脚を思い出します。

お母さんは、いつもお兄さんだけを可愛がっています。いまでも彼を溺愛しています。まとまりがなくて、いい加減な話をしています。ひどいことね。でも、わかってちょうだい。記憶はすっかり混乱しているの。だから、はっきりと物事が思い浮かべられないんです。

一九四一年に、わたしたちはどこにいたのでしょうか？　まったくわかりません。ただT……という街にいたことだけは憶えています。お兄さんとわたしは、お母さんと一緒に小さな家で暮らしていました。わたしたちは家から遠くにあった学校に、ふたりだけで通いました。きっとお兄さんと一緒に幼稚園に入学が許可されたのでしょう。いいえ、あれは託児所だったかしら……。とにかく、近所に住んでいた女性が、お母さんにこう言ったのを憶えています。「通りを渡らないといけないのに、五歳と六歳の子供たちを、ふたりだけで通学させてはいけないわよ」

お母さんは、どこかで仕事を始められるようになったのでしょう。でもその時、お父さんはわたしたちと一緒に暮らしていなかったのです。

それからお母さんは、お兄さんとわたしの住む場所をある農家に移しました。わたしたちは偽造した身分証明書を持っていました……。それを使ったのかどうか憶えていません……。記憶はとてもぼんやりしています……。

　農夫たちは、親切にしてくれました。少なくとも、敵意を見せませんでした……。そこには一年半くらい住んでいたはずです。いいえ、二年くらいだったかしら。まるで憶えていません……。とてもおかしな話です。だって農家を去った時には、わたしはもう八歳くらいになっていましたから。お母さんは一度か二度、わたしたちが住んでいた農家まで会いにきてくれたわ。お母さんと会っているあいだ、いつもわたしは訊きました。パパはどこにいるの、どうして、パパはわたしたちに会いにきてくれないの、って。お母さんは何も答えずに泣き出してしまいました。わたしは彼女が泣いたこの光景をいまでも憶えています。

　お母さんは、いつもこんな反応を繰り返したの……。だから、もう何もお父さんについて訊かなくなってしまいました。

　フランスが解放された後も、ずっと農家に住んでいました。わたしは、両親が帰ってくるのをひたすら待ち続けていました。

　農家にいた時、こんな夢を見ました。この夢をけっして忘れたことはありません。「歯が一本抜けました。それから、もう一本の歯も。わたしは泣きました。それにがっかりしました。歯がぜんぶ抜け落ちてしまうのが恐ろしかったからです。その時、お父さんがやって来て、わたしを腕に抱いて慰めてくれました。お父さんはわたしのために、アメとお菓子を持ってきてくれました……」

　その翌日、歯が一本抜けました……。この日の晩、アメもお菓子も持たずに、お母さんがやってきました……。彼女ひとりではありません。お父さんの兄弟を連れていました（その人を戦争前に一度も見たことがなかったと思います。でも彼は、わたしたちの家から一〇〇キロほど離れた場所で暮らしていました）。

お母さんは、お兄さんとわたしをおじさんの子供と一緒に、すぐにヴェルサイユにあるユダヤ人たちの子供の家に移すために、農家から引き取りました。そこには、一年以上も住みました。施設では、楽しく過ごしました。ええ、とても幸せでした。わたしは気楽にくつろいでいましたし、陽気に暮らしていました。友達もたくさんいたわ。世話をしてくれた人たちは、わたしたちを可愛がってくれて、まるで家族のように接してくれました。

ヴェルサイユにいた時に、わたしは自分がユダヤ人だということに気づきました（わたしは星のマークを身につけたことは、一度もありませんでした）。わたしはこの施設にいた時に、お父さんともう会えないことを認めました。わたしたちと同じような状況に立たされながら、施設で暮らしている子供たちは、両親が帰って来るのをまだ待ち続けています。子供の家の校長は、たまに彼らの両親のことを話題にしようとしましたが、無駄なことでした。だって親たちが本当に戻ってくるかなんて話したがっている子供たちは、ひとりもいなかったからです。わたしはユダヤの歴史と、すでにわたしが知っていたヘブライ語を少しだけ習いました。そこでは、すべてのユダヤの祝祭日を祝って、みなで歌って踊りました。わたしはユダヤ教の熱心な信者になりましたし、戒律もきちんと守るようになりました。

それから、お母さんとおじさんがわたしとお兄さんを迎えに来てくれました。みんなでアルザスに戻りました。お母さんは住む家を取り戻したのですが、これからおじさんと一緒に暮らすことになるのを、わたしに一言も話さなかったわ。これは話してはいけないことだったの。まさに我慢しなければならないことでした。

わたしたちは学校に登録させられました……。修道女がいる学校です。わかりますか？　わたしたちは、ユダヤ教とその伝統が熱心に実践されていた施設から出てきたばかりなのに。

修道女たちは宗教の授業を免除してくれたから、わたしたちは、朝の遅い時間に学校に着きました。ほかの子供たちは、このえこひいきを許しませんでした（きっと修道女たちは、彼らにわたしたちの状況を説明しなかったのでしょう）。従兄弟は、「汚いユダヤ人」呼ばわりされました。すべてがもと通りです！　お母さんはすぐに学校を変えました。衝突はもう学校では起こらなくなりました。でも、家にいる時はちがいました……。

わたしたちは、とても心温まる環境から出てきたばかりだったのに、家にいても、わたしは優しい心遣いも、愛情もまるで受けられなかったわ。宗教に関することも、捨ててしまいました。いまでもお母さんは、何かにつけてお父さんのことを口にしますが、お父さんの話をしながら、彼をいちばん賢くて、最高の人にしました。お母さんは彼を「神聖なミイラ」に変えてしまいました。おまけにお父さんは「いとしのパパ」にもなりました。

お母さんは気分に任せながら、はっきりとこう言ったこともあります。「いとしのパパは、あなたにはいろんなことをしてほしいと思っているのよ」

どんなふうにお父さんの死を教わったのか、あなたに話したことがありましたか？（ちょうどわたしたちがT……からヴェルサイユに出発した時に、わたしはこの話を聞いたはずです）お母さんは、彼がアウシュヴィッツで死んだことを正式に教わりました。

お母さんは激しいヒステリーの発作に襲われると、わたしたちに苦痛を共有させようとしました。壁には、不器用な字でお父さんの名前が書かれていて、その字は彼の血で塗られていた、とお母さんは聞いていました。それから数年間、わたしが長男を出産した後も、これと同じような風景を夢に見たと思います。お父さんが血まみれの手で岩にしがみついていました。ドイツ軍兵士は、お父さんがそこから手を離すように彼を殴りつけています。

わたしは目を覚ましました。その時のわたしの気分といえば……。


どんなふうにお父さんが逮捕されたのかを、おじさんが話してくれました。夕食の時間になったから、両親はテーブルについていました。警官たちは、密告された人たちを逮捕するために、隣の建物にあがりこんできました。でも、彼らは逃げ出したばかりでした。警官たちは身分証明書を検査するために、建物にあるすべての住宅に手入れを行いました。警官たちが扉を叩いた時、お母さんはカバンのなかにあった身分証明書を取り出して、それを煮え立っていたスープが入っていた鍋のなかに投げいれました。

警官たちは、建物にいた人たちを「ドイツ軍司令部」に連行しました。お母さんは自分の身分証明書にしたことについて、しらばくれたことを話しました。わたしはこの男性の妻ではなくて友人です、とお母さんは言いました。お父さんは自分が申告していることを確認すると、ユダヤ人であると認めました（それに彼は割礼を受けていました）。

わたしの両親は、ドイツ語に通じていました。ふたりは警官たちの上役が「この女についてはよくわからない。ユダヤ人らしくない」と言ったのを聞きました。でたらめな話でしょう。お母さんは背が高くて、髪の色はブロンドです。それに緑色の目をしています。警官たちはお母さんを釈放しました。彼女がどのように釈放されたのか、わたしにはわかりません。

その日から、お母さんは食事を終えるたびに、ずっと吐き続けました。その日、お母さんは、彼女とお父さんをつないでいた絆をまさに否定してしまったのです。これは彼女にとって、まるで耐えられないことだったのです……。わたしは結婚すると、アルザスを去りました。大喜びして、この街に戻れません……。

ある日、とても激しい夫婦喧嘩が終わると、おじさんが声を荒らげました。「おまえのお母さんはあんな大げさに過去を美化しているけれど……、実はふたりの仲が悪かったから、そんなことをするんじゃないのか……。さっき私たちがしていた口喧嘩と引けを取らないほど激しく、いつもふたりは言い争っていたんだ……」。こんな口喧嘩をしている両親の姿すら、わたしには失われてしまいました……。わたしもお父さんをわかっていなかったのではないか、お母さんの「愛しのパパ」は、いつもわたしをいらだたせていたのではないのか、お父さんを「ミイラ」にしてしまうことは、お父さんがわたしの瞼に残してくれた、彼のいのちを消し去ってしまうことなのではないか、とひとりで考えています。

わたしの息子は今年、バル・ミツバを行いました……。この時、わたしはお父さんのことをずっと思っていたわ……。とても悲しくなりました……。わたしにお父さんはいません。それに息子には、おじいさんがふたりともいません。

# ポレットの夫シャルル

妻とずっと話していたね……。ポレットは対談をとても怖れていたよ。でも、僕は違います。僕の話なんかさっさと終わってしまうよ。だって、何も憶えていないから。そのせいで、僕の記憶は本当に自分のものなのか、たんに誰かが僕に語ったものなのかも、見分けがつかないんだ。

ええ、長男が生まれてから数時間後に、ポレットと僕はお互いの父親たちについて話してみました。それはきっと、僕が自分の父の名前を長男につけたかったからだし、ポレットも彼女のお父さんの名前を息子につけたがっていたからだよ。でも、ひとりしかいない彼らの孫が、強制収容所に送られた祖父たちの名前を持つことは、あまりにも荷が重すぎました。

僕たちが結婚してから、五年になります。知り合ってから、もう七年が経ちました。その日、僕たちはとげとげしい口ぶりで話しながら、こんな憶測をしてみたよ。僕たちのお父さんたちは、きっとアウシュヴィッツで顔見知りだったのではないか?

とにかく、僕たちのお父さんたちは、確かにふたりともアウシュヴィッツで亡くなってしまったのです。

あれから妻と僕は、あのこと……、つまり、お父さんたちの話を口にしたことはありません……。不本意でしたが、僕たちはすぐにほかのことを話し始めました。

一九四二年に、僕の父は家を去ると、ドランシー(1)に収監されました。でもその後、共謀者たちのおかげで脱走に成功しました。

ドランシーに収監される前に、父はフランスに帰化していたから、もう助かったと信じていたんです。その後、父はどうやって自分の工場を守ればいいのかを考えました。とくに工場が「占領(2)」〔「関連年表」一九四一年四月二六日〕されるのを嫌がりました。

(1) パリ郊外に位置するドランシーに存在したフランス最大の「中継収容所」。強制収容所としても機能した。近代的な集合住宅として一九三一年から三八年のあいだに建設されたが、四一年六月からドイツ軍に徴発され、同年八月からパリで逮捕されたユダヤ人たちの収監を開始した。四二年から四四年のあいだに、約六万七〇〇〇名もの収容者たちがドランシーから国外の強制収容所へ出発した。シテ・ドゥ・ラ・ミュエット(Cité de la Muette)という名前を持つこの集合住宅は、二〇〇一年に保存が決定されており、現在でも住民たちに利用されている〔訳注〕。

(2) ユダヤ系の事業の「アーリア化」に着手したドイツ占領当局は、一九四〇年一〇月には、会社の所有者ないし支配人がユダヤ人であるか、株式の三〇パーセント以上がユダヤ人に保有されている企業をユダヤ企業と定義し、アーリア人の管財人をつけることにした。同年一二月には、七二八五ものユダヤ企業の経営権が、フランスのアーリア人管財人にゆだねられることとなった〔訳注〕。

父は彼の工場を救いました。でも、彼は知人にも恵まれて、お金もあって、フランス人という身分まであったのに、強制収容所に移送されてしまったんだ。父は自分が誰よりも賢いと信じていたから、人の意見をまるで聞きたがらなかったのです。

父は変わった男でした。実際、僕はまだ子供だったのに、父を怖れていました。でも父には、ものすごく憧れていました。彼は無一文でポーランドからやって来ると、かなりの苦労を重ねて生活を賄いながら、エンジニアの勉強をしました。ところで、父はある発見をしました。彼はひとりで自分の発見を開発することを望むと、それは彼に特許をもたらしました。

そのあいだ、父は僕の母とパリで知り合いました。彼女も父と同じく無一文で、それにとても孤立しているようでした（まだその時、母の家族は全員ワルシャワに住んでいました）。ふたりは結婚したのに、腹をすかして参っていました。お金はすっかり、父のご立派な発見に充てられていましたから。

さらに災難に襲われました。母は妊娠すると、出産のために、ポーランドに住んでいる彼女の母親の家に帰ることになりました。そこで僕が生まれました。四歳になるまで、僕はポーランドに住んでいたのです。

まさにそんな時に、父は発明によって特許を手に入れました……。たくさんの人たちが彼に信頼を寄せると、工場が生まれて、お金と名声もついてきました。父は自分のことを、ちょっとした天才だと思い始めました。父が自分の生活を守らなければならなくなった時、彼の才能はこの状況に見合うだけの力を発揮しなかったのです。

一九三六年に、僕は祖母に連れられてポーランドから戻りました。まだその時には、自分の両親を知りませんでした。それから僕は、一九三四年に生まれた妹を初めて知りました。父はとてもそっけない態度で僕と話しました。しかも僕はフランス語がわからなかったから、父をいらつかせました。僕は祖母と一緒にポーランドに戻りたかった。だってそこで僕は幸せに暮らしていましたから……。父は社交の渦のなかにいたから、僕は彼の気をまったく惹けなかった。けれども、妹はとても可愛らしかったから、父のお気に入りでした。

何か馬鹿げたことをしてしまったからでしょうか。ある日、僕は父を怒らせてしまうと、手でめった打ちにされました。「ぼくはモニックのお兄ちゃんだ。やめてよ！」と僕は叫びました。すると父は驚いて、殴る手を止めました。僕はこの情景をいまでも思い出します。

それから父は、僕が別にしでかした馬鹿げたことを口実にして、もう好きなように僕を厄介払いしました。ついに寄宿学校に送られてしまいました。その時、僕は七歳でした。僕はよく泣きました。母からも放っておかれました。彼女は戦争のあいだ、妹をずっと世話していたのに、僕は寄宿生としてカトリックの学校に入れられてしまいました。寄宿学校にいた時、僕は不幸ではありませんでした。でも、幸せでもありませんでした。

僕はカトリックの祭儀に従いました。他の寄宿生たちから疑われないようにするために、祭儀に参加しなさい、と修道院長に求められました。僕は偽の身分証明書を所持していました（この身分証明書はまだ保管しています）。ある日、スペリングの選抜試験《コンクール》が行われました。八歳か九歳だった時から、僕はスペリングにかけてはいつも一番でした（おかしなことに、僕は四歳までポーランド語しか話せなかったのですが）。ついにこの呪われたコンクールのせいで、僕の名前が世間に知られてしまうことになりました。僕はカトリックの学校の代表者になってしまったんです……。僕は試験用紙に本名を記しました。僕はその県で一等賞を取ると、地方新聞から表彰されることになりました！

この一件があってから、カトリックの学校にいられなくなると、僕は母の家に戻りました。彼女は、僕をどこに置いていいのかわからなかったのですが、妹と一緒に世話してくれました。

ええ、この選抜試験の話をすると、みんなから馬鹿にされます。まさにその通りです。でも、僕は本気で一番になりたかったわけではなかったんです！　事の重大さに気がつくと、とても怖くなりました。けれども、僕は愚か者でありません。この出来事を経験した後に、本名を試験用紙に書かなければならなくなると、いつもびくびくしました。頭のなかも混乱しました。わかってもらえるかな？　大学で勉強していた時ですら、そんな思いをしました。でも、偽の身分証明書に書いてある名前を書けば、やはり怖いものはなかったよ。と言っても、僕はその名前をもうすっかり忘れてしまったよ！

これこそ僕が一位になって、新聞に名前が載った唯一の選抜試験だったのです！　人生で一度だけでも、父に誇らしく思ってもらいたかったから、この新聞記事を絶対に送りたかった。でもその時には、父はもう強制収容所に送られていました。僕は父の拘留を刑務所での懲役と同じものだと思っていました。どうして僕の手紙が、父に届かなかったのかわからなかったのです。

この忘れがたい選抜試験から（なぜ、この試験についてずっときみに話したのか、わかりません。でも、きっとこれはとても重要なことでしょう……）僕の成績は、いつもびりの方で目立つようになりました。

お父さんからまるで優しくしてもらえなかったし、愛されてもいなかったのね。きみはそう思っているでしょう。僕が幼かったころ、父は僕をあっさりと見捨ててしまいました。でも、父には期待していました。僕が父に何を期待していたのか、きみにわかってもらえたらなぁ！

おそらく、僕が父に期待していたのは、おねだりしたものを僕にくれたり、僕のために、いいお父さんになってくれたり、あとは僕たちのあいだではなんでもうまくいくよ、と言いながら、家に帰ってきてくれることだった。僕は父を嫌っていた時もあったけれども、彼のことが好きでした。父を愛していました。でも父は、僕にそんなことを言わせないようにしたのです……。

妹が統合失調症にかかって、治療を受けていることを知っていますね……。妹はもう肉体的にも精神的にも見ちがえるように変わってしまいました。彼女は、お父さんがいなくなってしまったことをとても寂しがっています。父も妹を愛していましたから……。

僕は精神的に落ち着かないまま暮らしていました。おそらく、息子が生まれる時までは……。幸せになることに、いったいどんな意味があるのか、僕にはわからなかった。本当にその意味がわからなかった……。激しい怒りに襲われると、自分の殻に閉じこもりました。なのに、僕は男のくせに臆病で控え目で、おとなしいやつだと思われました。

以前に比べると、だいぶ少なくなってきましたが、まだこんな悪夢を見ることがあるよ。帰還した父が、鉛色の列車から降りてきました。縞柄の服を着て、髪はすっかり丸刈りになっています（でも父には、その髪型は優雅に見えて、とてもよく似合っています！）。彼は僕のそばを通り過ぎたのに、僕は誰が自分の父親なのか、見分けがつかなかったのです。父は僕を探しているのに、僕がいることに気がつきません。きっと僕の姿は変わってしまって、背も伸びてしまったからなのでしょう。どうしたらいいんだろう？　「パパ、パパ」と僕は叫びました。近くにいた数百人の子供たちも僕と同じように、自分たちの父親の名前を叫びました。そこで僕はひらめいて、こう叫びました。「シャルルはパパの名前を呼ぶよ。それはM・Gだ！」。駅のなかに、すぐにおぞましい沈黙が現れました。親衛隊員たちが父のところに飛んできました。僕は父の本名を呼んでしまいましたが、これはしてはいけないことだったんだ！　僕の発明品のひとつに特許が与えられた時、僕はずっと父を想っていました。この贈り物のようなものを僕に伝えてくれたのは、父です。ほんの少しだけ、彼は僕のなかに生きています……。

でも、僕が知っているのは、青ざめた顔をした父の姿だけだよ。誰もが言っていたように、彼はかなり風変わりな人だったから！

きみに僕の父のことを話してみました。ええ、彼のことを他人に話すのは初めてです。これはきみの論文《メモワール》の主題とは違ったんじゃないの？　僕に話してほしかったことは、なんだっけ？　忘れてしまいましたよ！「思い出《メモワール》」なんて、とても奇妙な名前だね[3]！

（3）とくに修士論文を意味する「学位論文」は、原語でメモワール（mémoire）と言うが、もともとは「記憶」や「思い出」という意味がある〔訳注〕。

# ミリアム

わたしは、パリで生まれました。

お父さんとお母さんは、家族が避難していたトゥールーズで、口喧嘩を激しく交わしていました。これがわたしのとどめている、生まれて初めての記憶です。お母さんは、一日に二度もシナゴーグを訪れるお父さんを非難しました。「そんなことしている場合じゃないわ」。でもお父さんは、こんな時だからこそユダヤ人は祈らなければならないと考えていたのです……。

一斉検束の数が増えていくと、お母さんは怖れ出しました。住所が申告されているこのアパルトマンで眠らないでちょうだい。彼女はお父さんにわかってもらえるように、必死になって頼みました。けれども、お父さんは何も話を聞きたがりません。それでもお母さんは、わたしたちが住んでいるアパルトマンと反対方向にある街はずれに、小さな部屋を借りることができました。彼女はわたしたちをそこに連れ出すために、お父さんを説得することに成功しました。でも、彼はその部屋に入ると、すぐにベッドの上に架けられていたキリストの十字架像を見ました。すると何も言わず、この部屋を後にしました。

同じ情景が毎晩、繰り返されました。お父さんは、彼が住んでいる家を出ていくことを拒んだから、お母さんは、新しく借りたこの避難場所までわたしと妹を連れて行きました。ずっと歩き続けなければならなかったわ。長い時間、急ぎ足で。お母さんはわたしの妹を腕に抱いていたから、もう大変でした。移動しているあいだ、わたしはずっとびくびくしていました（わたしの姉はこの時期、静養所に入っていました）。

せめて今晩くらい、パパと一緒にいてね。ある日、お父さんがわたしに強く求めました。「そうしたら、おまえにキャンディーをひと袋あげるよ」。わたしはこのお父さんのお願いを受け入れました。でも夜になって、お母さんが妹を連れて家を出る支度をすると、わたしは泣き出して、足で床を踏み鳴らしました。キャンディーはもう欲しくありません。わたしはお母さんたちと一緒に行きたかったのです。お父さんがとても穏やかに言いました。「約束しただろう。おまえはここに残るんだ」。わたしたちがユダヤ人の身分を変えていないのに、こんなふうに身を隠してしまうことは、お父さんにとって、それはやはりユダヤ人であることを自己否定してしまうことでした。わたしたちのために身分証明書を偽造しようとは、まるで考えていなかったのです。それはお父さんにとっても、お母さんにとっても同じことでした。わたしたちはユダヤ人です。これはわたしたちの運命ですし、受け入れなければならないことだったの！

ある日の晩、お母さんは口喧嘩をすることや、わたしたちふたりを遠くにまで連れ出すことに、うんざりしてしまいました。ですから、お父さんが住んでいたアパルトマンで、わたしたちと一緒に眠りました。朝の六時ごろ、ドイツ軍人たちがやって来ました。お父さんはシナゴーグへと向かおうとしていた時に、路上でドイツ軍人たちに逮捕されてしまったのです。わたしたちはトゥールーズの収容所で、お父さんと再会しました。とても恐ろしい光景を憶えています。わたしたちが連行される前に、お母さんは抵抗する素振りを示さなかったのに、ドイツ軍人に殴られてしまいました。この光景をお母さんと話すことは、けっしてできません。どうしてその人は、何か因縁でもあったかのように、お母さんに襲い掛かったのでしょう。いまになっても理由がわかりません……。

トゥールーズの収容所には、飢餓がありました。それにとにかく退屈でした。

一九四四年八月のことです。強制収容所への移送に向けて、列車が出発しました。おそらく移動している最中に、男性たちは片一方に、女性と子供たちは別の場所に振り分けられたのでしょう。お父さんはわたしたちにお別れを告げました。この光景を思い返すのは……、わたしにはやりきれません。

お母さんと妹とわたしは、ブーヘンヴァルト[1]に着きました。そこで何かをした記憶は、ひとつもありません。いいえ、憶えているわ。お母さんは、わたしの長く伸びていた髪を切りたがらなかったから、数時間、わたしの髪のなかから蚤を探して過ごしました。ごちゃごちゃした収容所のなかをナチス親衛隊員たち[2]が通り過ぎていきました。それから、わたしたちは鉛色の列車に詰め込まれると、ベルゲン・ベルゼンに到着しました。そこまでの移動は悪夢だったわ。お母さんは、移動に備えてパンのかけらを取っておくことができました。でも、妹とわたしはそのパンのかけらの取り分を巡って、口喧嘩を激しく交わしました。

ベルゲン・ベルゼンでは……。こんなことがあったのを憶えています。妹はとても可愛らしかったからお母さんは妹を食堂に行かせて、もう少しだけスープをもらえるようにせがませました。妹はたまに成功すると、飯ごうをいくつか持ってきました。わたしたちはその後、食べ物を分け合いました。

でも、妹が病気にかかってしまうと、お母さんは、妹の代わりに食堂に行ってちょうだい、とわたしに頼みました。わたしが断ると、お母さんは必死になってわたしに頼みました。もうお手上げでした。わたしには無理でした……。ええ、わたしはその時には、もう六歳になっていましたか

---

（1）一九三七年に建設された、ワイマール近郊にあった強制収容所。約二九万九〇〇〇名のドイツ人と外国人が収監され、そのうち約四万三〇〇〇名が死亡した。絶滅施設は設置されていなかったが、収容者たちは科学的な実験に利用され、有害なワクチンなどを注射された。人民戦線時代のフランスの元首相レオン・ブルムや、一九八六年にノーベル平和賞を受賞したエリ・ヴィーゼル、または作家ロベール・アンテルムが収監されていたことでも知られている〔訳注〕。

（2）北西ドイツのツェレ近郊に設置された強制収容所。アンネ・フランクが最期を迎えた収容所として知られている。一万名程度を収容する戦争捕虜用の中継収容所と想定されていたが、実際には四万名以上の収容者を集めた。戦争末期の一九四五年あたりから、収容所内でチフスなどの伝染病が流行し、収容者たちは激しい飢餓にも苦しめられた。約一七万名が亡くなったと言われている〔訳注〕。

ら……。はっきり言いますが、わたしはトゥールーズにいた時から、ずっと自意識が強かったのです。

ベルゲン・ベルゼンでも、お母さんがいてくれたことは幸運でした。おかげで安心できましたから。じきに何もかも終わるわ、もうすぐにパリに戻れるわ、ただ辛抱していればいいのよ、ってお母さんが言いました。彼女は何も理解していない、それどころか何も気づいていない、とわたしは考えていたと思います！

わたしたちが収容所送りから戻ると、お母さんは静養所にいたわたしの姉を迎えに行きました。わたしたちはしばらく、以前に住んでいたトゥールーズのアパルトマンに滞在しました。どうしてそうなったのか、わかりません。

すぐにわたしは、サナトリウムに行かなければならなくなりました。そこで一年半を過ごした後、パリに戻りました。

わたしは読むことを覚えると、すぐに強制収容所への移送を扱った本だけを求めました。それしか関心がなかったからです。八歳だったころ、わたしはこのテーマについての本を可能な限り、ぜんぶ読んだと思います。

まわりには、その理由を理解してくれた人は誰もいません。わたしでさえも、こうした本を読みたがる理由がよくわからなかったのです。だから、わたしの反応はみなを困惑させました。悔しいことに、わたしはまだ幼すぎました。ええ、わたしはこらえました。他にどうすることもできなかったから、おとなしくするしかなかったわ。

『トレブリンカ』[3]という本を読むと、衝撃を受けました。ユダヤ人たちは従順で愚かな羊の群れのように、強制収容所に移送された、とこの本の作者は言っています。わたしはそう感じませんでした。この本の作者はまちがえています……。わたしたちはユダヤ人であるという運命を素直に受け入れただけです。それだけのことよ。両親がけっして身を隠そうとせず、ユダヤ人の身分も変えなかった理由を、わたしはとてもよく理解しています。

お母さんはあの日の晩、どうしてお父さんが住んでいたアパルトマンに泊まってしまったのかしらと、激しく自分をとがめました……。

――あなたのお父さんは？

――前に言いませんでしたか？　お父さんは強制収容所に送られた後、もう戻ってこなかったわ。

（3）トレブリンカ（ポーランド）の収容所を書いた著作のなかで、ジャン＝フランソワ・ステーネルは、ユダヤ人たちは当初、抵抗することもなく逮捕されたと述べている。それから、ステーネルはトレブリンカ強制収容所で起こった囚人たちの蜂起と、一九四三年に起こった強制収容所の破壊の模様を描いている。／*Treblinka*, préface de Simone de Beauvoir, Paris, Fayard, 1966.（『トレブリンカ』シモーヌ・ド・ボーヴォワールによる序文付き、パリ、ファイアール社、一九六六年）〔ジャン＝フランソワ・ステーネル『トレブリンカ――絶滅収容所の反乱』永戸多喜雄訳、河出書房、一九六七年〕〔原注〕。

列車のなかでさよならを告げた光景がお別れになりました……。これがお父さんと会った最後の機会です。お母さんは、彼が帰ってくるのを甲斐もなく待ち続けました。でもわたしには、もうお父さんが戻ってこないことはわかっていました！　わたしが生還したのは、「どうして」なのかいまでも理解できません。わたしが生きているのは、ほんとうに偶然なの。でも、それは気詰まりなことなんです。わたしはお母さんのおかげで救われました。わたしは恵まれています。だってお母さんとわたしが引き離されたことは、一度もなかったから。

帰還したあとの生活は、とっても大変だったわ。四人の女たちは本当に孤独でした。人からも完全に放っておかれて、すっかり迷っていたの。わたしたちが戻ったのか、「戻れなかった」のか。どちらなのかは、あなたの想像しだいなのですが。その時から、わたしがお母さんを支えていると思うようになりました！　あとは何も変わりませんでした……。ものすごく荷が重いと感じられる時もあったわ……。

学校の勉強は、当然遅れることになりました。わたしは優秀な生徒でしたが、わたしを一学年跳び級させるように、お母さんに勧めた人はひとりもいませんでした。

わたしたちは、けっして外出しませんでした。そう、女の子を三人も抱えた女が招待されるなんて、滅多になかったから。わたしたちはすっかり内に閉じこもっていたわ。それにお金もありません。月末が来るたびに……、わたしは不安になりました……。でもお母さんは、そんなことは気にしませんでした！

娘たちよりほかに、わたしの人生で大切なものは何もありません。同僚たちが野心を燃やして頑張っているのを見ると、羨ましくなります。わたしには、競争心がありませんから。

わたしはユダヤ教の信者でも、教徒でもありません。夫は信仰がある女性か、とにかくユダヤの伝統を大切にしている女性が好きでしょう。ユダヤの祝祭に従うことは、わたしには無理だわ。わたしのせいで、娘たちはユダヤの歴史をきちんと理解できなくなってしまうでしょう。でもきっといまでは、わたしはユダヤ教の教義にもっと興味が持てるようになれるはずです。だって、わたしはユダヤ人になる機会に恵まれましたし、わたしたちに伝えられている、比類のない富を享受できるからです！　これは数千年にもわたって積み上げられた知恵の結晶なんです……。

とくに会社にいる時、わたしは気分が良くありません。わたしを憶えている人がいると、いつも恐ろしくなります。わたしは、あまり大切にされていないと感じていますから！　ユダヤ人でない男性と結婚することは、考えられなかったわ……。娘たちも、そうだといいのですが。

（突然、ひどく緊張した様子になって）なんてひどい話なんでしょうか、そんなことを娘たちに望むなんて。そうじゃないですか。こんなことはすべて……、無駄なことじゃないでしょうか？　わたしは人に何かを要求することも、期待することも絶対にできません。そんなことをしたいとさえけっして思ったことがないの！　そうでなければ、こんな欲求なんて無理やり与えられたものなの……。わたしの生命も同じです……。どれも大して変わらないのよ！

※

――あなたと初めてお会いしました。カフェという匿名の場所で話してくれることを選んでくれましたね……。わたしが対談をお願いしたら、了承してもらえました。「特別なことは何も話せませんよ」と、ただ仰っていましたね。

――あなたの研究のためにお手伝いができたのか、わたしにはわかりません。それは、あなたがご存じでしょう。でも、わたしがこのことを話さなければならないのは、一生に一度きりのことではないでしょうか？

# 対談に触れて……

クロディーヌ・ヴェグ

対談の途中に挿入されたこの章は、無意味なものである。本来ならば、このような章は本の最後に置かれるものであるし、結論の代わりとなるはずだからだ。

それにしても、「普通に言われている」ことと、ここで扱われているテーマのあいだには、少しでも共通点があるのか？　わたしは結論を出さないつもりだ。ただここでは、対談者たちに特別な意味をもたらした家族との引き離しや再会、それに死別の悲しみなどの、いくつかの情報《データ》を強調してみたい。

たいていの場合、子供たちは一度だけでなく、引き離しの局面に数多く立ち会わなければならなかった。しかも彼らは、不安や恐怖、時には混乱し切った感情を抱きながら、家族と別れている。マドレーヌとラザールにとって、家族との引き離しは、ピティヴィエの収容所のイメージと重なっている。

長距離バスから降りると、ソーニャは彼女の母ともう会えなくなることを気に病んだ。アンドレは自由地域に着くと、すぐに彼の父を呼び求めた。だがアンドレの母は、おまえのお父さんは刑務所にいるの、と言った。

ラファエルは家に帰ると、隣人と落ち合った。彼の父は、私の友人が会いに来てくれるから路で待っていなさい、とラファエルに求めた。

一斉検束が行われた朝のことだった。モーリスの兄と母は、おばの家に避難した。彼の父は家族と再び落ち合うはずであったが、そこまでたどり着けなかった。心配したモーリスの母と兄は、通りの端まで彼の父を探しに行った。その日の晩になって、やっと兄が家に戻ってくると、モーリスは彼の母が逮捕されたことを知らされた。

サミュエルの父は、買い物に行くために自宅を出て行った。彼はもう戻ってこなかった。

ニース駅のホームで、スイス人の女性はエレーヌの弟を連れて行くのを断った。あまりにもつらい出来事だったから、エレーヌはこれを記憶から消し去った。

コレットは隣の家に身を隠しながら、フランス警察に逮捕されて遠ざかっていく彼女の両親と兄を見た。

ミリアムは、彼女たちを強制収容所まで移送した列車で父にお別れを告げた。

P収容所で、ロベールは他の家族たちと引き離された。緑色のカードを持っていたのは、彼だけだった。これから遠いところに行くよ、と家族たちが告げた。ロベールは彼の母にさよならを言うために、彼女に近寄ろうとしたが、許されなかった。それどころか、ロベールはすぐに命令に従わなかったせいで殴られた。この情景をぐったりとして眺めていた彼の父は、わめいた。おまえはユダヤ人だ、ずっとユダヤ人であり続けることを忘れるな。

これらの対談に「私はさよならを言わなかった」といううめき声は再び現れた。

それから対談者たちは、周囲の反対がなければ、孤児院や修道院、隣人や見知らぬ人たちの家など、まるで異なる環境に突然、移された。もともと彼らは大都市で暮らしていたが、しばしば農家で生活した。彼らの本当の身分を知る者は、誰もいないはずだった。彼らのほとんどは、近親者たちの近況も両親との連絡手段も知らなかった。

この状況に、ときに余計な不安が加わった。住む場所が変わってしまえば、彼らの名前も変わってしまう。では戦争が終わったら、両親はどこで子供と再会できるのだろう？

子供たちの身は、いつも守られているとは言い難かった。そして、彼らの関係はとても複雑に新しい家族と結ばれていた。当時五歳だったジョゼフは例外である。なにしろ、彼はスイスに住んでいた時に、姉と母から訪問を受けていたからだ。

フランスがドイツ軍の占領から解放されると、子供たちはすぐに普通の生活が戻ってくるのを期待した。これからは、何もかも平穏になるだろう。だが、それはいつわりの希望だった！

エレーヌとルイーズは、身代金を要求される対象となった。ふたりの両親はけっして戻ってこなかった。しばらくすると、ふたりはおじとポルトガルで合流した。

ソーニャとコレットとジャンは、両親の兄弟や姉妹たち、つまり近親者の成員たちに引き取られることになった。

ラファエルを探すために、彼のおじがやって来た。このおじはラファエルのおばが経営している、モワサックの子供たちの家に彼を連れて行った。ラファエルはそこで三歳だった妹と再会した。

これら子供たちの家や、また他にある数多くの施設に家を失い、家族と再会を待っている子供たちを集めることが試みられた。これはロベールにあてはまるケースである。

マドレーヌとジョゼフは、彼女たちの母がパリに戻ったことを知っていた。ふたりは、ある特別な組織が帰国させてくれるのをスイスで待っていた。

ラザールは、彼の弟と母と一緒にパリに戻った。

モーリスは彼の父と再び落ち合い、ふたりの姉たちとも再会した。そして兄のひとりは、抵抗運動《マキ》の組織から戻ってきた。もうひとりのモーリスの兄は、それから一年以上経ってから、ブーヘンヴァルトから帰ってきた。

アンドレとポール、サミュエルとポレットの母たちや、またほかの多くの対談者の母たちは、ひとりぼっちになり、途方に暮れた。将来についての強迫観念や、収容所送りに遭った夫の帰還がおぼつかなくなったことや、仕事や住む家、それに財産などすべてを失った事情が邪魔をして、彼女たちはパリが解放されてからすぐに、子供を取り戻せなくなったからだ。そして子供たちは、生き残った親から厄介者か邪魔者のように思われていると感じただけに、この余計な親子の引き離しは、彼らにとっていっそう不快な経験となった。

　周囲の環境や家族、さらに学校などの様々な水準において断絶が生じた。子供たちの多くは、一年か二年も学業を完全に中断しなければならなくなった。彼らは学校で勉強を再開したものの、学習の遅れは著しかった。彼らは他の生徒たちよりも年長者だったが、知識が不足していた。ユダヤ人の家族はどの時代においても、いかに勉強熱心だったのかを知らされると、子供はまたも貶められ、屈辱を受けたように感じた。なぜなら、このような子供は両親たちが保ちたかったユダヤ人のイメージと、もはや合致しなかったからだ。

　一度、壊れてしまったものを修復することはできなかった。そのうえ、過失によって生かされているという感覚を持ちながら、もとの生活に再適応するのは困難がともない、それは不可能ですらあった。

　家に戻ると、すぐに新しい生活の局面が始まった。それは収容所を切り抜けた生存者たちが帰還する場所になっている、ホテル・リュティシアを往復することである。

　ある子供たちは、ずっと待ち続けていた。毎日、彼らは希望とともに、ホテル・リュティシアに出かけた。毎晩、彼らはもっと運に恵まれていた他の家族たちが再会を果たす場面を目撃しただけに、いっそう落胆してホテル・リュティシアから帰ってきた。彼らは、息子や娘、兄弟や姉妹、そして父親か母親、おじとおば、甥か姪の写真を振りかざしながら、生存者たちのあいだを隈なく訪ね歩く人たちに混ざっていた。ある生存者たちが、写真のなかにいる人物の表情を憶えているような気がした。現実を認めまいとする人たちは、いつわりの希望を持ち始めた。

家を再び見つけられた幸福な子供は、こうしたいつわりの希望を認めなかった。片一方の親が死ぬと、もう片方の親は呆気に取られた。家では、もはやいなくなってしまった親について口にすることが避けられた。消えてしまった親がいた場所を別の人が占めるようになると、子供はこの既成事実の前に身を置くことになった。

何も話されることはなく、説明は何もなかった。その印象といえば、文字どおり完全に分裂した家庭のなかで、無秩序《カオス》と混乱に立たされているようだった。

祖先の慣習に忠実に従うために、あるいは家族関係を強化するために、母親は自分の義理の兄弟と結婚した。だが、この状況は認め難いものだった。

ある子供は、両親の兄弟や姉妹たちに引き取られた。ところが彼は、この現実をもはや完治しようのない傷であると感じた……。この傷を癒やせるものは、何もなかった。

当然であるに違いないと思われていたことは、当然ではなかった。言われたことは承認されず、与えられたものは、受け取られなかった。

生きる動機は、もはや過去のものとは異なっていた。価値が変わり、言葉は本来の意味を失った。あらゆる基準は見直されなければならず、すべては考え直され、もう一度想像されなければならなかった。どのような事態が生じようと、死と生に別の意味を見つけ出す必要があり、自分たちは、生存者たちに属しているということを、受け入れなければならなかった！　収容所送りを逃れるか、あるいは収容所から帰還しても、父親か母親を失って孤児になった者もいれば、両親を二人とも失い、家族のなかでただひとりの生存者となった者もいた。彼の罪悪感は頂点に達した。「私は家族が一緒に暮らしていた農場を、再び訪ねたことがあります。罪人は、自分が罪を犯した場所にいつも戻ってくるものです……」（ロベール）。

妹と息子の統合失調症について、少しだけ言及した対談を三本収録している。それを強調することは重要だろう。これらの対談は八年の期間のうちで、ユダヤ人の学生のあいだには精神病患者たちの数が二倍にも膨らむという、ソー大学の心理学医療センターで行われた統計を裏づけている。ジャン・ダニエルは、彼の自伝的な書物でこのように書いている。[1]「私は自分のユダヤ性をいとも簡単に引き受けた。なぜなら私は、辱められた私の両親をけっして見たことがなかったからだ」両親との引き離しを経験した年齢を境に、自己同一化の過程が進行した。当然、それに引き続いて行われるはずの「新しい自己対象」の追求は、子供に受け継がれるべき精神的な遺産が否定されようとしている環境では、非常に難しいことが明らかになった。子供たちは、怯えている両親を目

（1）Jean Daniel, *Le Refuge et la Source*, Paris, Grasset, 1977, et Folio n°. 1121.（ジャン・ダニエル『拠りどころと源泉』パリ、グラッセ社、一九七七年、あるいはフォリオ版、第一一二一巻）〔原注〕。

撃した。彼らは身を隠し、名前を変え、ひたすら姿を消すことを余儀なくされた！ 両親の姿の価値が高められることは、ほとんどなかった。子供たちは、両親が持っていた本来の姿も台なしにされたと感じた。

そこに故意に「おかしな」服を身にまとった被収容者たちの写真が加わった。彼らは縞模様のパジャマを着て、頭は丸く刈られていた。彼らの目つきは怖気づき、怯え、呆然としていた。もはやそこに人間的なものは一切存在しなかった。

あらゆる資料が証言しているように、被収容者たちの肉体と精神に加えられた拷問は、彼らを無気力な人間に変えてしまった。彼らは絶え間なく恥辱を被り、嘲弄と愚弄とサディズムの的になり、まさに弄ばれていた。人材でもあった彼らの価値の概念が高められるのは、実験のために産業施設との取引が成立した時だけだった。被収容者たちは、精も魂も尽き果てたまま引きずられ、鞭打たれて行進し、反抗することも、闘う気力も欠いたまま、最も貶められた状況を耐えている姿を目撃された。子供たちが記憶し続けなければならないのは、こんな親たちのイメージなのか？ たとえ「恥ずかしくない」両親の記憶を保っていたとしても、子供は闘わなければならなかった。子供の自己同一化の過程は、文化的かつ精神的な遺産が伝達されることが不可能で、ユダヤ人である事実が永続的な死の危険という意味を完全に保有しているならば、いっそう困難になるだろう。

彼らの両親は、どのような状況において亡くなったのだろう。この事実を本当に知っている者は珍しい。ある者たちは過去の記録《アーカイブ》を調べたり、現存している資料を読んでみたりしたい気持ちに駆られた。その一方で、他の者たちはあえて過去を思い出すことを避け、それを抹消しようとした。だが、彼らはしばしば「私の親はどこで死んだのだろう？」と問いかけた。鉛色の列車のなかでなのか、収容所においてなのか？　収容所に着くと、すぐに選別されてしまったのだろうか？　衰弱死したのか？　それとも、寒さか飢えのせいで死んだのか？　撲殺されたのか？　あるいはガス室で……。

「父はドイツ軍に銃殺されたといつも私は言いました。それは死体焼却炉で死ぬよりも、ずっと高貴な死に方でしたから」（サミュエル）

「孤児として取り残されることは、きみのお父さんが普通に死んだならば、勧められない。でも、これは別の話だ」（ジョゼフ）

「死体焼却炉って何だろう？　私の父は、まるでジャンヌ・ダルクみたいに焼かれてしまったのでしょうか？　彼は一体、何をしたせいでこんなことをされてしまったんだろう？」（アンドレ）

迫害によって両親を亡くしたユダヤ人の子供たちの深い悲しみは、病気や、事故、自然災害、戦争、爆撃、それからわたしが知らないような出来事が起こったあいだに、両親を失った孤児たちの経験と同一視できない。現代では、これはすべて「無差別的な死」という文脈から把握されている。

ユダヤ人の子供たちは、アウシュヴィッツが掲げた名高い目標とは、ユダヤ民族の完全な絶滅であり、それがユダヤ民族自体の殲滅を意味していたことをけっして忘れていなかった。だから子供たちは、死者たちを埋葬することができなかったのである。想像力はそれを拒んだ。つまり、死者の墓穴を掘り、ガス室に行き、死体焼却炉に燃料を補給することを。そこには、人間の尊厳と呼ぶのにふさわしく、彼らが基準として認められるようなイメージは、何ひとつ存在しなかった……。

確かに彼らは孤児であったが、惨たらしい状態にまで達した深い悲しみによって、心の底まで傷つけられた存在でもあった。

両親の死が同じ「人間」の名を持つ人々によって冷酷にも決定され、準備されたことを孤児が知った時、彼を圧倒した見捨てられた気持ちと、絶望感を理解することは難しくない！　この悲劇をアメリカ人の精神医学者たちが形容した時、彼らは「man-made《人》 disaster《災》」という、この悲劇を呼ぶにふさわしい意味を与えた。

断末魔の叫びを聞き、ある民族の壊滅と全面的な殲滅に向かって闘った者は、どうして全世界に、わずかしかいなかったのだろう？　どうして、それを見ることも、この呼び声を聞くことも拒否されたのか？　どうして、このような見殺し行為が行われたのか？　この行為は故意に行われたのか、あるいはそうではなかったのか？

そうだ。あれは故意に行われたのだ。どうして？　どうして？　それはどうしてなのだろう？

これからはいったい何を、いったい誰を頼りにすればいいのだろう？　あの行為は一度、認められてしまった。だったら二度目も、起こり得るのではないか？

この声は、もはや問いかけではなかった。何かを理解しようとするために、発せられた声でもない。むしろこの声は、あらゆる呼び掛けを黙殺する人たちをなおも否認する、途方に暮れ見捨てられた者たちが上げている叫び声なのだ。

いや、これはもう叫び声ですらない。むしろこの声は反抗心や憤りや、それから恐怖と、もはやなだめようのない苦痛が交じり合った、わめき声なのである……。

わたしは、それぞれの考え方にゆだねてみたいと思っているから、結論を出したくない。いや、

---

（2）一九七八年に放映されたアメリカのテレビドラマ・シリーズ。監督はマーヴィン・チョムスキー、邦題は「ホロコースト――戦争と家族」。一九三五年から四五年のドイツを生きたユダヤ人家族と、ナチスを信奉するふたつの家族の運命が交錯する模様を描いている。同年にエミー賞の八部門を受賞するなど成功を収めた。フランスでは、一九七九年二月から三月にかけて放映された。この作品の評価をめぐって、放映後に大きな論争が起こった。シモーヌ・ヴェイユ（政治家）など旧被収容者は、ドラマの物語の内容があまりにも楽観的であると批判している。またこのドラマの成功は、ユダヤ人の大量虐殺だけを一極化させ、アメリカインディアンやアルメニア人の虐殺、またはセティフの虐殺など他の「ジェノサイド」の重要性を蔑ろにする危険性があるとも指摘された〔訳注〕。

（3）« Témoignage d'Élisabeth Gille », *Le Monde*, 18 avril 1979, p.15.（「エリザベット・ジルの証言」、ル・モンド、一九七九年四月一八日、一五頁）〔原注〕。

容認し難いある種の結論を拒否しているのだろう。

三五年も経たないうちに、ハーケンクロイツが再び現れた。ユダヤ系の大学の食堂で爆弾が破裂した。パリにある大学の医学部の教授がナチスへの親近感を講堂で表明した。シナゴーグとユダヤ人の墓地は荒らされた。「ホロコースト」[2]というテレビドラマ・シリーズは、反ユダヤ主義の新たな火種として責任を負わされた。パリにある高等学校では、ひどい目に遭わされたユダヤ人の生徒が教師のそばに逃れ、「先生、怖い」[3]と言った……。

終わりという言葉は、すべて意味を失った。

# モーリス

あの当時の記憶といえば……、厄介なものです。とてもぼんやりしています。じつはその時、僕はもう八歳くらいになっていたのですが。

僕たちはパリの二〇区にあった、とてもささやかな家で暮らしていました。部屋のなかは、父が使っていたミシンと生地ですっかりふさがっていました。父はこの家で仕立屋を営んでいました。母は服の仕上がりを手で確かめながら、父の仕事を手伝いました。僕が小学校に着ていったスモックには、星のマークが縫いつけられていました。大きな黄色の跡が黒いスモックの生地についていたから、星のマークは堂々と目立っていたよ。このマークはけっして屈辱のようなものじゃなくて、一種の装飾だと思っていたんだ。クラスでそれをつけていたのは、僕だけです。

学校の子供たちは、僕を一度も「汚いユダヤ人」のように扱いませんでした。この種の問題に直面しなかっただけ、幸運でした。それというのも、僕はクラスで一番に優秀な生徒だったからでしょう。

僕の長兄は一九四四年には、二一歳になっていました。彼は写真家の使い走りをしていました。ある朝、長兄は身分証明書を検査されると、検束に引っかかってしまいました。それから一時間後に、彼は釈放されたのに捕まったことを親方にも両親にも、一言も話さなかったのです。彼は自転車に乗って、すぐに家を飛び出して行きました。それから二時間後に、長兄は別の検束に引っかかってしまうと、今度はもう釈放されませんでした。

長兄は一九四一年三月にドランシーに送られ、ブーヘンヴァルトと、それから僕が名前も知らない、ほかの強制収容所に移送されました……。

その後、一家は子供たち三人と両親だけになりました。病気持ちだった姉のひとりは、どこかの機関に移されていました。大規模な一斉検束が行われた一九四二年七月の朝のことです。ふたりの捜査官が一時間後に僕たちを探し出しに来ると通告するために、早朝から家を訪ねてきました。

母と兄、それから姉と僕はおばの家を目指して、慌てて出発しました。彼女は、僕たちの家から四〇〇メートル先に住んでいました。おばはこの手の法律にまだ触れていません。なにしろ、彼女の夫は戦争捕虜だったからです。

父は、僕たちが住んでいる住居の真下にあった「ファミリステール」という小さな食料品店に降りていきました。どうして、そこに行ったのでしょう？　きっと家族を分散させる必要があったからでしょう。でもとにかく父は、おばの家で僕たちとできるだけ早く合流するようにしていたはずです。

一時間以上が経ちました。父はまだおばさんの家に着かなかったから、母はとても心配していました。ですから、母は僕たちの家で何が起こったのかを見にいこうと決意しました。誰にも気づかれないようにするために、彼女はコートとスカーフをおばさんから借りました。次兄に連れられて、母は僕たちの家の向かいにあった歩道を歩きながら、そこを目指しました。ところが、門番の女性が母の姿に気づきました。警官たちが僕たちの家から出てくると、門番は母と次兄を警官たちに指さしました。そこから逃げたかったふたりは、駆け出しました。二〇歳だった次兄は、警官たちを逃れました。でも、母には無理でした。

その晩、父と次兄は僕たちと合流しました。ふたりは別々に戻ってきました。母の身に起こったことを話してくれたのは、たぶん次兄だったと思います。

もうその晩には、僕は母が捕まってしまったことを知っていたはずです。ですが、その詳細をはっきりと思い出せません。ええ、僕は母が捕まったことを知った時には、泣かなかったのに、その後、夕食の時に泣きました。それは嫌いだったホウレン草のせいでした。

父は、パリの郊外に彼をかくまってくれる家族を見つけることができました。もうひとつの家族が、僕を世話してくれることになりました。

姉たちはふたりとも、ある機関にかくまわれていました。次兄は抵抗運動《マキ》の組織に参加しました。

父は、僕たちをかくまってくれたふたつの家族と、ふたりの娘たちが入っている機関のために、たっぷりお金を稼がなければならなかったのですが、彼には働く資格がなかったのです。週に二回、父をかくまってくれた人たちが、パリにある既製服製造所に通って問題を解決してくれました。彼らはそこで父のために仕事を取って、持ってきてくれました。

新しい家族と住んでいた時には、僕はもう星のマークをつけていませんでした。僕をユダヤ人だと知っていたのは、その家族の人たちだけです。それでも、僕はまるで外国人の名前らしく聞こえない、自分の本名をずっと名乗っていました。

僕は公立小学校に通いました。友達もたくさんいました。とくに父とは、週に二度も会っていました。

この家族のもとで過ごしていた時のことを、何もきみに話せないよ……。ひたすら時間が過ぎていくだけでした。

ええ、僕は他のユダヤ人の子供と比べると、聞いたこともない幸運に恵まれていました。父は僕の家のすぐ近所に住んでいたから、心配なんてありませんでした。

もちろん、母と長兄の近況はまったくわかりません。僕は強制収容所への移送というものがあったことを知らなかったから、ふたりが帰ってくるのを待っていました。父には母と長兄のことを訊かなかったと思います。父が家族たちの様子を知っていたなら、きっと僕に話してくれたはずだから……。

一九四三年も終わりに差しかかっていた時のことです。僕を預かってくれた家族がおびえ出しました。そのせいで、住む場所をもう一度変えなければならなくなりました。なんてことでしょう。僕は熱心なペタン派(1)の人の家に住むことになってしまいました。彼らはあらゆる危険《リスク》が及ぶのを承知で、ユダヤ人の子供の世話を引き受けてくれました。彼らはペタンを支持していましたが、ユダヤ人の子供の逮捕には反対していました。

その家にいると、気が詰まりました。状況はかなり複雑でした。

フランスが解放されると、父と僕はすぐパリに戻りました。住んでいた家を取り戻すことはできなかったから、僕たちはこの家の真下にあった部屋を借りて、待ち続けました。

次兄は抵抗運動の組織から、姉たちは機関から戻ってきました。それから、長兄が一九四五年四月に強制収容所の移送から戻ってきました。彼が帰還してきた時、僕はホテル・リュティシアにい

(1) ドイツ占領時代にフランス国主席だったフィリップ・ペタンの政治思想と政策を支持した者は、「ペタン派」(pétainiste)と呼ばれた。第一次大戦時の「ヴェルダンの英雄」で、フランスの救済者と期待されたペタンには、ヴィシー体制が確立されると熱狂的な支持が集まったが、ペタン派が掲げた「国民革命」という偏った反動的政策は、フランス国民にほとんど浸透しなかった。ペタンの政策を支持せず、ペタン元帥個人への愛着だけを表明した者は、「元帥主義者」(maréchaliste)と呼ばれた。占領時代のフランス国民の大半は「元帥主義者」であり、熱心な「ペタン派」は少数だったと言われている〔訳注〕。

ませんでした。

少しずつですが、母のことを口にする機会は減っていきました。僕たちは、もう希望を捨てました。待つことは終わりました。

兄と姉たちは、すぐに結婚しました。父と僕だけが残されました。

ええ、僕たちが子供の時に経験した出来事は、すぐに繰り返されると信じています。僕にとって、すべての出来事はいまの生活に関わり続けています。まるで「人間喜劇」のようです。僕は毎日、そんなふうに感じています。

幸運にも僕は、すっかり整った防衛体制を心のなかに持っているのでしょう。でも、テレビでアウシュヴィッツの収容所と、きっと母がガスを浴びたはずのシャワー室を見ると、もう映像を見続けられなくなりました。ええ、それだけは無理でした……。

※

わたしがモーリスと知り合ってから、一〇年以上にもなる。

ある時期、わたしたちはもっと頻繁に会っていた。

ある日、彼の奥さんが「きっとモーリスは、話してくれるわ」と言ってくれた。

わたしは、モーリスに対談を依頼すると思っていなかった。なぜならモーリスは、子供だった時、彼の母が死んだことを、けっして人にほのめかしたことがなかったからだ。

# ラファエル

一九四三年の年末には、まだ両親とパリに住んでいました。その時、私は星のマークをつけていました。母がそれを上着に縫いつけていた時、私は彼女のそばに座っていたのを憶えています。母は星のマークを縫いながら、歌っていました。母が言いました。「坊やは恵まれているね！　星をつけられる子供は、ほんの数人なんでしょう？」

学校で休み時間になるたびに、私はほかの子供たちから地面に倒されました。教員たちは止める素振りも見せないで、ただ見ているだけだった。私は痛めつけられて、家に帰りました（私は背が低かったのに、そんなことはお構いなしでした）。それでも、私に友人ができました。彼は本当の友人です。戦争が終わってから、彼と再会しました。この友人は私を守ってくれました。彼は自分でも言っていたように、「全員がひとり」をいじめる光景に我慢できなかったからです。この友人はまだたった八歳の少年でした。

――子供ひとりがあなたを守って、大人は腕組みして何もしなかったのね。ひどい話だわ！

私は、正義のために闘っていると思っていました。母が言うには、私は一種の選ばれた人間だったのです。たんに選ばれることを選択したのではありません……。そうなることを、受け入れなければならなかったのです！

母は妊娠していました。一斉検束の数はどんどん増えてゆきました。父はパリで最初に結成された抵抗運動《レジスタンス》の組織の一員でした。鉄道員が共謀してくれたおかげで、父は母と私を自由地域に出発させてくれました(1)。私たちは蒸気機関車の下に隠されました。こんなふうにして私は、境界線を越えました。なんて恐ろしい移動だったのでしょう。

隠れていた場所は、とても息苦しくて、あちらこちらに火花が飛び散っていました。みながこう言いました。「ドイツ軍の連中に殴り掛かられても、死んだふりをしろ」。何と、私たちの運命を言い当てていた言葉なのでしょう……。

ドイツ軍の人たちがやって来ると、空気が入りこんでくる小さな隙間から彼らのブーツが見えました。母は汗だくでしたから、私は怖くなりました。とくに母の身が案じられました。彼女はこの小さな隠れ場所にとどまって、じっとしていなければならなかったから！

(1) 戦争が始まると、鉄道員たちは抵抗運動の主導権を握った。彼らは妨害工作を組織しようとしただけでなく、民間人の自由地域への越境や脱走者への支援、被収容者たちによって列車の車両から投げ出された手紙の発送も行った〔原注〕。

鉄道員たちが、私たちをやっとそこから出してくれました。ついにモワサックに着きました。そこには、親がいないユダヤ人の子供たちが四〇〇名ほど集められていて、[2]彼らが暮らしているこの施設は、避難場所になっていました。施設を経営していたのは、父の女きょうだいです。そこではユダヤの祝祭日を祝って、ボーイスカウト[3]の活動も行われていました。生活は続きました。

その後、危機が及びました。子供たちの施設をすぐに解散させて、すべての若者たちを農家や抵抗運動の組織《マキ》などに隠さなければならなくなりました。

父は抵抗運動の組織に参加していましたが、たまに家に戻ってきてくれました。父は私がけっして見たこともない張り紙を、私の自転車のハンドルにつけました。「ボーイスカウトの声」と書かれていましたが、この張り紙を二度と見ないようにしました。ただ自転車をこいでいた時に、それが怖くなったからです。

ある日、私が自転車に乗って帰ってくると、隣家の人と落ち合いました。「おまえのお父さんは、もう家に戻るなとおまえに言っていたよ。ここでお父さんの友人が来るのを待っていなさい」

私たちはその人がやって来るのを待ちながら、トランプカードを持って土手に座り、ブロットをしました。父の友人が到着すると、私はモワサックからずいぶん遠いところに連れ出されました。どうして、そんなところに行くんですか、とその人に訊くことはしませんでした。両親と妹（彼女はモワサックで生まれました）はどこにいるのですか、とも。フランスが解放されるまで、私はこの父の友人の家で暮らしました。

その後、おじのひとりが迎えに来てくれると、モワサックに戻りました。ああ、そうだ。「モワサックの砦」というのはものすごいよ。『ユダヤ人のレジスタンス』(4)という本を読めば、モワサックがどんな役割を果たしたのか、きみにもわかるよ。

私の両親はちょうど同じ日に、ドイツ軍に逮捕されてしまいました。彼らが家に着くと、父は窓

(2) 一九四〇年六月になると、すぐに「ユダヤ・ボーイスカウト組織は、モワサック(タルン゠エ゠ガロンヌ県)を避難場所の中心地として選択した」。組織は農村の団体や、家具製造や鉄具製造、それから仕立屋の工房を設立した。この組織は一九四三年一月に、ユダヤ人問題の委員長だったダルキエ・ド゠ペルポワによって(フランス・ユダヤ人総連合と同じく)解散させられた。一九四四年六月、ユダヤ・ボーイスカウト組織は、タルンの抵抗運動の組織の内部にあったユダヤ戦闘組織に合流した〔原注〕。

(3) 「ユダヤ・ボーイスカウト組織」。一九二三年に、プロテスタント系のボーイスカウト団体から着想を得て創設された。創設者はロベール・ガンゾン。「多元主義」を運動の方針に掲げ、三〇年代には、ドイツやポーランドからのユダヤ人移住者をパリにあった木工、金具製造の工房で受け入れた。四一年から組織はフランス・ユダヤ人総連合に統合されたが、南仏でユダヤ人の子供と青少年たちに避難場所や偽の身分証明書を提供し、スイスやスペインへの越境にも協力した。四三年に入ってからも、組織は地下活動と武装闘争を展開した〔訳注〕。

(4) Anny Latour, *La Résistance juive, 1940-1944*, Paris, Stock, 1970, pp. 36-39.(アニー・ラトゥール『ユダヤ人のレジスタンス――一九四〇～一九四四』パリ、ストック社、一九七〇年、三六～三九頁)。「関連年表」一九四三年四月～五月、八月〔原注〕。

から逃げ出しましたが、怪我を負ってしまいました。父は抵抗運動の組織の一員でした。母もそうです。彼女は活動家たちの名簿を破棄しました。母はたくさんの命を救った一方で、自分の命を代償にしてしまったのです。彼女はアウシュヴィッツで亡くなりました。

ふたりは、同じ車両に乗っていました。アウシュヴィッツへ向かう列車のなかで、母は寒がっていました。父は自分が着ていた革のジャンパーを母の背中に掛けてあげました。それに彼女はスカーフを頭に結わえていました。列車が目的地に着くと、母はすぐに選別されてしまいました。母はまだ三七歳だったのに、衣服にくるまっていたせいで、実際の年齢よりも老けていると思われてしまったのです。

母は死後に戦功十字章を授かりました。私は母をとても誇りにしていますが、彼女が生きていてくれた方がよかった。

父はたったひとりで、アウシュヴィッツから戻ってきました。口を開かず、もう笑いません。父は誰とも話さなくなったから、恐ろしくなりました。彼のことがもうよくわからなくなりました！

父が私と一緒にパリに戻ってきた時、妹は三歳でした。

私の生涯で何よりもつらい部分になったのは、父が帰還してからの生活と……、母が戻って来なかったことだった……。本当に大変だったよ！

父はひどい悪夢に見舞われると、真夜中に目を覚ましました。うなり声を上げて、体は汗まみれです。私は父のそばに行きました。父の顔を拭いて、話し掛けました……。もう恐ろしくなりました。

父は、かの有名なメンゲレ博士(5)の組織に属さなければならなかったのです。それで私は、どうして父がうなり声を上げるようになったのかがわかりました。以前よりも少なくなりましたが、父はまだうなり声を上げることがあります。

父は二度と笑わなくなりました。私に優しい言葉を掛けてくれることもなくなりました。きっと妹と私を育てるのを負担だと思うようになったからでしょう。

父は、他の女性をけっして家に連れて来ようとしませんでした。

食事の席はもう最悪です。父は新聞に顔を隠して一言も話しません。そんな様子がずっと続いています……。

もう妹と一緒に住んでいません……。妹はずっと治療を受けています……。統合失調症の……。

九歳になるまで、私には母がいました。でも、妹には母の記憶が何もありません。妹が一七歳に

(5) 一九四三年五月から終戦まで、アウシュヴィッツ強制収容所で医長を務めた。被収容者たちから「死の天使」とあだ名をつけられた。被収容者が収容所に着くと、すぐに「選別」し、重労働に耐えられない被収容者たちをガス室に送った。彼はナチス親衛隊の医師の模範であり、ユダヤ人やロマなど「劣等民族」を絶滅した後、優等民族が彼らに取って代わるという漠然とした目標に焦点を合わせた、おぞましい実験に従事した〔原注〕。

なるまで、私は父母の代わりとなって彼女に尽くしました。とても骨が折れました。すべてがとんでもない事態になりました。ありえない災難だよ！

私は自分を邪魔者だと思っていました。なんて言ったらいいんだろう？　父は私が生きていることを恨んでいるみたいなんだ。父にわかってもらえるように、あらゆる手を尽くしました。それは無意識からの行動でした。後になってから、私はそのことに気づきました。

ええ、私が人生を選ばなければならなかったとしたら、強制収容所への移送や、ほかのこともすべてひっくるめて、父と生きることを選んだでしょう。でも、父の強制収容への移送と、おそらく母を亡くした後に、たったひとりで彼が帰還してきた一九四四年から……、私の人生は報われていないんです！

父は逞しい不屈の男に戻りました。こんな稀な成功はありません。それを叶えるために、父は激しく闘いました。ところが、私とも闘ってしまいました。

父は私を壊し、彼が好き勝手に扱えるように作り変えてしまったのです。

私は父がいなくても生きていけることを、みずから証明しなければなりませんでした。でも父は、私にそうさせまいとしました。私が父に紹介した娘たちはみな、父にわけもなくやっつけられました。私は降参しました。

たとえ自分の生活を築くためであろうと、父を苦しめる勇気は……、何ひとつ持ち合わせていないと感じています！　ところが父は、まるで私に仕返ししようとしているのです……。誰のために、いったい何のために？

強制収容所に移送されることで、父は辱めを受けてひどく苦しみました。これは、父が耐えられなかった最悪の屈辱でした……。彼はしばしば、息子である私を辱めようとします。もうやりきれません。こんなことはまるで理解できません。

ある日、アメリカの雑誌を読みました。被収容者たちが持っている攻撃性は、彼らの子供たちには、いっそう激しく感じられると書かれていました。なんて腐り切った話なんだ！　それに妹は、もうけっして回復しないでしょう……。

私は父を愛しています。父には、私しかいません。父をとても大事にしています。でも、父はもう普通に生きられません。強制収容所送りからけっして立ち直っていないのです……。それは私たちも同じです！

このことは、きみにしか話せません。

※

ラファエルは二〇年以来、わたしの親友のひとりだ。この本を出版するように、わたしを激励してくれたのも、ラファエルだった。「強制収容所への移送という事実は、私たちの第三世代にまで刻まれるでしょう。これは大勢の人たちに知られなければいけないよ。本当におぞましいことだから……。私に青春はありませんでした。もう母もいません。治療を必要としている妹がいて、父は帰ってきてから、けっしてまともに生きられません。まるでゆがんだ人生です。本当に無駄なことです」。ラフェルはそう言った。

# ソーニャ

昨日の午後に、対談することを了承しました。あなたに言おうとしていることを考えていたら、わたしはすぐに怖くなってしまったわ。

わたしの幼年時代はからっぽです。わたしをすっかり不安にさせるほど、それはからっぽなの。わたしは、兄に会いに行かなければなりませんでした。むかしのことを話すために、これから対談するつもりなのって言うために。何か思い出せるようになるために、協力してちょうだい。わたしはそう兄に頼みました。でも彼は、何も憶えていないのでしょう。過去をけっして話したことがなかったから、わたしたちは、そのまま何もかも忘れてしまったのでしょうか?

わたしは、ある宗教儀式の光景を憶えています。そこにはわたしたちに洗礼を授けるために、正教会の聖職者と司祭が出席していました。この式が行われたのは、まだわたしが寄宿学校に入る前のことでした。

寄宿学校に出発する前に、お母さんは子供たちの髪の毛をなるべく短く刈るために、理髪店に兄とわたしを連れて行きました。お母さんはシラミが髪にたかるのを嫌がっていました。理容師はバリカンをつかみました。兄の頭がすっかり刈られてしまうと、誰のことだかわからなくなりました。彼は「丸坊主」になりました。ロシア系の少女たちがしているように、わたしもおさげをふたつ編んでいました。理容師はわたしを散髪するのに適当なハサミが見つけられなかったから、いらいらしました。お母さんが同意したのでしょう。理容師はもう一度バリカンをつかみました。わたしも坊主頭になって、理髪店を出ました！

兄とわたしは寄宿学校に着きました。学校は、ニースから一〇キロほど北に離れたところにあります。でも、この時期に起こったことは、何ひとつ憶えていません。わたしはまだ幼すぎたからなのでしょうか？

一九四四年のことです。わたしは一九三七年生まれですから、その時は七歳でした。学校の休み時間に、こんなことが起こりました。わたしがベンチに座っていると、子供たちにからかわれました。しかもわたしの坊主頭のことまでも。とても傷つきました。

どうして、お母さんはわたしを丸坊主にすることを了承したのでしょう？　ある日、おばのヴェロニックに同じ質問をしてみました。ヴェロニックは、わたしのお父さんの女きょうだいですが、彼女はまだ生きています。おまえのお母さんは悪い母親なのよ、あんまり考えすぎちゃいけないわ。ヴェロニックはそう答えてくれました……。

わたしを丸坊主にしたことについて、両親の家族たちはみんな、お母さんは悪い母親だと呼ぶことに同意していました。

わたしは、両親が交わした激しい口喧嘩も憶えています。お父さんは、お母さんより一七歳も年上でした。彼は三度目の結婚で、わたしのお母さんと結ばれました。

お母さんには、きっとラブ・ストーリーがあったのでしょう。でも、彼女はとっても独特な人だったわ。人並みに振る舞うのも、着飾るのも嫌がりました。お母さんのお気に入りは、わたしよりも兄でした。というよりも、彼を溺愛していました。だからわたしは、お母さんに大切にされているとは思っていなかったのです。みながお母さんを悪い母親だと言いながら、彼女のありえない側面ばかりをあれこれわたしに話すことが多くなるほど、お母さんは優しくしてくれるようになりました。わたしはお母さんを理解していたと思います。もっとお母さんを知りたくなりました。この悪い母親は、毎週日曜日になると二時間から三時間も自転車をこいで、子供たちのところまで会いに来てくれたの！

ある朝、寄宿学校に電報が届きました。そこには「チチジュウビョウ」と書かれていました。すぐに兄とわたしは、ニース行きの長距離バスに始発で乗せられました。誰がバスの到着を迎えてくれたのでしょう。まったく憶えていません。お母さんだったのでしょうか？　それとも、お父さん？　おばのヴェロニックでしょうか？　本当におかしな話です。わたしはもう思い出せません。でも、両親の家に着くとすぐに本物のパーティーが始まったことはよく憶えています。お父さんは病気ではなかったの。どうして、こんな電報を送ったのでしょう？　どうして、パーティーを開いたのでしょう？　わたしはその理由を訊かなかったと思います。戦争が終わってからやっと、この電報の意味を知りました。お父さんは逮捕されたのに、その後に釈放されたから、家族はパーティーを開いたんです。

両親が子供たちの問題について話し合っているのを、パーティーが終わった翌日に聞いたはずです。お母さんは、すぐに子供たちを寄宿学校に戻したがっていました。お父さんは、彼女の意見に反対しました。彼らはふたりとも、フランスにあった特殊な収容施設に送られるかもしれないと予想していました。でも、そうなった場合、子供たちを保護する必要はあるのでしょうか？　お父さんは、わたしたちは両親と一緒にいる方が安全だと信じていました。彼は、組織能力という観点からお母さんを説得しようとしました。ドイツ軍はきれい好きで有名だし、生活条件や衛生条件は、きっと幼い子供たちでも我慢できるんじゃないかって。でもここは、お母さんの言い分が勝ちました。パーティーを開いた翌々日に、わたしたちは寄宿学校に戻りました。

しばらくすると、前と同じ内容の電報が再び届きました。兄とわたしは大喜びして、長距離バスに乗りました。きっともう一度パーティーが始まるのよ、これで寄宿学校に戻らなくてもよくなるんじゃないかしら？

長距離バスがニースに着くと、従姉妹のイレーヌが待っていました。彼女はそこで一緒にいたルイという友人を紹介してくれました。

イレーヌは、何も恐れていませんでした。だって彼女のお母さんは、ドイツで捕虜になったフランス軍の大尉と再婚していましたから。イレーヌはその時、お母さんがつけていた新しい苗字を名乗っていたわ。

イレーヌとルイは、一六歳か一七歳でした。彼らは笑いながら、兄とわたしに話してくれました。わたしたちがバスから降りると、ふたりはすぐに世話を引き受けてくれました。そのままニースにある学校を案内してくれると、兄とわたしはそこで八日から一〇日間ほど過ごしたわ。わたしたちは、両親について何も質問しなかったし、どうして学校を変えるために、わたしたちをここに来させたのかも、訊かなかったと思います。

戦争が始まった時、兄とわたしはニースにあるお屋敷に住んでいました。わたしはまだ、自分の子供たちと一緒にこの家で暮らしています。そこにはかつて、両親とわたしの兄、おばのヴロニックと彼女の息子、それにわたしが住んでいました。

わたしの従兄弟は、すぐに抵抗運動の組織《マキ》に参加しました。兄とわたしは、寄宿学校にいました。わたしの家族が逮捕された時、このお屋敷には、わたしの両親とヴェロニックがいました。

ヴェロニックはドランシーに移送される前に、ニースで服毒自殺を図りました。彼女を病院に運ばなければなりませんでした。ヴェロニックはついていました。だって、病院の職員が共謀してくれたおかげで（その人は高熱が出るように彼女に注射しました）、彼女の出発は一九四四年四月まで遅れることになったからです。この後、ヴェロニックはニースに残ると、E牧師に救ってもらいました。ユダヤ人を援助していたこの牧師は、彼女が入院していた病院を訪問していました。ヴェロニックは彼を信頼しました（長距離バスから降りた時に、わたしたちを出迎えてくれたルイは、このE牧師の息子です。この牧師はわたしたちの後見人になってくれました）。

一九四四年五月のことです。タニアおばさんがニースのそばにあった大きな家に、わたしと兄を連れて行ってくれました。彼女はわたしのお母さんの姉妹で、イレーヌの母親にあたります。そこには大勢の人たちが住んでいました。若い人がたくさんいて、ルイの兄弟と彼の友達もいました。彼らはそこで愉快なグループを組んでいました。

この家に滞在していた時に、すごくつらい思いをしたことを憶えています。わたしは悲しかったわ。とても悲しかった。つくづくひとりぼっちだと感じていたし、気分が落ち着かなかったから、とてもじゃないけどくつろげなかったわ。誰からも構ってもらえない時には、どんなにつまらないことにも耐えられなくなって、しょっちゅう泣いていたわ。何もかも嫌になりましたし、本当に気分が悪くなりました。でも、わたしは自分の気持ちを言うことも、理解することもできなかったのです。

わたしの両親は、外国に向けて長期間の旅行に出かけた、とそっけなく言われました。わたしは、たとえ兄とのあいだでも、両親のことを二度と口にしなくなりました。わたしは、ふたりが戻ってくるのを待ち続けていたと思います。本当にそうだったかしら？　戦争捕虜だったタニアおばさんの夫がドイツから戻ってきました。とにかくわたしは、この人が帰ってきことが我慢できなかったのです。

わたしの従兄弟とおばのヴェロニック、それに兄とわたしは、以前に住んでいた家を取り戻しました。生活はそれからも続きました。

従兄弟は、わたしの両親が戦争前に建てた編み物の製作所も取り返しました。わたしと兄は、高等学校に進学しました。


両親について、わたしと兄はもう二度と口にしなくなりました。でも、ずっと待ち続けていたし、希望を持っていたわ。

ある日、学校から帰ってくると、兄は家のよろい戸がすっかり開け広げられているのに気づきました。わたしたちは何も言わないで、駆け出しました。両親がそこに必ずいると確信したからです。ふたりは戻ってきて、わたしたちを待っているのよ。わたしと兄は、息を大きく切らしながら家に着きました。でも、そこには何もありませんでした。ただの空想でした。

こんな見まちがいは、残酷です。わたしは、路上で見かけた女の人のうしろ姿を追いかけたことがあります。お母さんだと思ったからです。でも、その女《ひと》が振り向くと、何もかも崩れ落ちてしまいました。わたしは何度、こんな見まちがいに苦しめられたことでしょうか！

でもそのあいだに、しあわせな出来事もありました。わたしの従兄弟が結婚しました。彼の妻は、兄とわたしに親切にしてくれました。それから数年後、ふたりは亡くなりました。従兄弟はペルーでの登山探検から戻ってくると、かなり珍しい病気にかかってしまいました。すぐにその後、彼の奥さんもヒマラヤを登っていた時に、亡くなってしまったの。彼女は「世界でいちばん高い場所にいる女」と呼ばれたわ。

おばのヴェロニックにとって、この出来事はつらすぎることでした。

わたしの両親は、ふたりともロシア系です。ふたりは家にいる時、ロシア語で話しました。けっしてイディッシュ語を使わなかったわ。それにわたしの家には、宗教的な実践が何ひとつ行われていなかったことも憶えています。

両親は、自分たちをユダヤ人ではなくロシア人だと考えていました。わたしもそう思っていたわ。わたしにとって、ユダヤ人になることは、生きていけなくなることを意味していました。ええ、それだけは絶対に無理でした！　でも、いまから少し前に、わたしはユダヤ人になることを受け入れました。一年か二年くらい前の話です。

わたしはユダヤ人社会に出入りしたことが一度もありません。非ユダヤ人の男性と結婚しましたが、三四歳の時に離婚しました。お母さんが死亡した時の年齢も三四歳でした。

わたしの三四年間の人生は、とにかくひどいものでした。おまけに、救いようのない一年間を過ごしました。最悪の一年でした。いったい何がわたしに起こっているのか、まるでわかっていなかったのです。本当の原因は何もなかったのに、わたしはふさぎこみました。誰にもわたしの身のまわりで起こっていることを、わかってもらえませんでした。わたしは耐えました。その反動で、感情が抑えられなくなると常識を失って、自分が思っていることとは正反対の振る舞いをしてしまいました。ぞっとする話ですね。

それからわたしは、お母さんが経験したことを考えないで生きていくのは、とても難しいと思うようになりました。

ある日、友人の家で、すてきな男性と出会いました。その人とまた会うつもりでした。わたしは彼の苗字を教わりました。でも、それはユダヤ姓でした。わたしはその人ともう二度と会っていません！　わたしにはできません。近親相姦のようですから！

わたしを喜ばせようとしてくれた友人が、イスラエル旅行に招待してくれました。彼を悲しませたくなかったから、きっぱりと断れなかったわ。どうして、イスラエルだったのでしょう？　他の場所の方がよかったのに。こんなわたしでも、イスラエルにいたら、過去を深く感じてしまうでしょう。

「屋根の上のヴァイオリン弾き」を見ました。お父さんはヴァイオリンを弾いて、お母さんはピアノで伴奏をしました。わたしの長女は、三歳の時にはもうヴァイオリンを弾いていました。彼女は歯科学校で学びましたが、ヴァイオリンを欠かさずに演奏します。わたしはピアノを弾いていました。プロではありませんが、なかなかの腕前です。だってパリに来た時、リュセット・デカーヴにピアノを教わっていましたから。わたしはいつもピアノを弾いています。たまに娘の伴奏をします。これが両親の遺産です。つねに音階練習をする方がクラスで優れた成績を取ることよりもずっと大切だという考えを、ふたりはわたしに遺してくれたのよ。

クラルスフェルド〔二六〇頁傍注（2）を参照〕の本のおかげで[1]、本当に両親が死亡したことを知りました。一九四四年四月二九日の日付[2]があるページを見ると、わたしの両親の名前がありました。衝撃《ショック》を受けました！　三五年も過ぎてからのことです！　ついに両親の死を認めるのに、三五年も掛かってしまったの……。ええ、わたしはずっと希望を持ち続けていたのよ！　それでもお父さんは、一九四五年一月まで生きていました……。

兄はわたしよりも二歳年上です。彼はむかしのことを滅多に話しません。彼はずっと優秀な生徒でした。大学生の時もそうでした。哲学と同じくらい、数学の天稟にも恵まれています。彼は高等数学級と特別数学級[3]で学び、哲学の教授資格《アグレガシオン》も取得しました。彼は教育制度に反対していたから、できるだけ多くの「お役所仕事」での失敗を積み重ねて、自分の名前を文部省の公務員職から抹消することに成功しました。

兄は屋根裏部屋で暮らしました。同じ階にある共同トイレを使いました。好機をうかがいながら絵を描いて、タイル貼りの職人をしました。そんな生活が何年も続きました。

兄は一九六八年から、非ユダヤ人の女性と暮らし始めました。彼女は兄と正反対の環境で育ちましたし、受けてきた教育も正反対でした。彼女は兄をありのままに受け入れて、けっして彼の過去について訊きませんでした。そうしてはいけないことがわかっていたからです。偶然、彼女は兄の友人の家で、わたしたちの両親が強制収容所に送られて亡くなったことを教わりました。

わたしは兄が大好きです。大切な人です。わたしが一番に心を惹かれるものは、何もかも兄から与えられたとまで思っているの。

（1）セルジュ・クラルスフェルド（一九三五〜）。歴史学者、弁護士、「強制移送されたフランス・ユダヤ人子息子女」協会の会長を務める。ルーマニア系ユダヤ人として生まれ、第二次大戦中にニースで一斉検束を経験する。父親のアルノはアウシュヴィッツ強制収容所に移送され、帰らぬ人となった。一九七〇年ごろからナチス犯罪に関する戦犯追及者としての活動を妻のベアテとともに始め、「人道に反する罪」に問われた犯罪者、クラウス・バルビー、クルト・リシュカ、ヘルベルト・ハーゲン、アロイス・ブルンナー、そして彼らの共犯者であるルネ・ブスケ、ジャン・ルゲー、モーリス・パポンを追跡した。三〇年にもわたるフランスのホロコースト研究をまとめた『フランスのショア』の編著者として知られている〔訳注〕。

（2）移送列車が出発した日〔原注〕。

（3）いずれも理工系のグランドゼコール受験準備学級の教育課程。一年次を「高等数学級」（Mathématiques supérieures）、二年次を「特別数学級」（Mathématiques spéciales）と呼ぶ〔訳注〕。

歳を取ったせいで、兄の容姿はすっかり変わってしまいました。まるでヴィリニュス（4）にいたユダヤ人の仕立屋とそっくりになってしまったから、わたしはびっくりしました。彼は禁欲主義者です。だって、消費社会をきっぱりと拒否して、それに同乗したがらなかったからよ。そうね、兄はわたしの誇りだわ。

わたしは人生を総括してみました。結果はよくなかったわ。それでも、人にはよく尽くしていますし、いつもそれができるようにしています。わたしはすっかり食い尽くされてしまったのよ！　わたしは心理学を勉強しました。それは無駄なことではありませんでした。その前には、文学を学んでいました。不動産会社も経営しました。職業では、失敗しませんでしたが、それは一番に重要なことではありません。妻としてのわたしの人生は、とにかく失敗しました。

でも、わたしはふたりの娘との関係にとても深くて、かけがえのないものを感じています。

そうは言っても、わたしはいつも優しい母親でいることはできないし、ましてそんな母親でもありません。娘たちがまだ幼いうちから、わたしはいろいろな団体や居留地《コロニー》に送りました。娘たちをできるだけ早く自立させるために、いろいろなことを試しました。最後のお別れを覚悟させるようなことまでしたわ。子供たちが少しも悲しまずに、「またね」と言ってくれたのを見た時、わたしはとても嬉しくなりました。

四年前から、次女の友達と一緒に生活することになりました。ロシア系の女の子です。

その娘は、まるで自分の家にいるようにわたしの家で暮らしています。二人の娘たちのように、彼女はわたしの服を盗みます。わたしの態度で何か気に入らないことがあると、その娘はとても激しい素振りを示して、自分の意思を伝えます。

ある友人がわたしを非難しました。わたしが娘たちをユダヤ人にふさわしい環境と雰囲気のなかで育てなかったからです。「あなたのお嬢さんたちは、根無し草になるでしょう」と言われました。

そんなことを言われても、わたしが受け継いでいないものを、どうやって娘たちに伝えられるのでしょう?

(4) リトアニアの首都。一六世紀からユダヤ人の入植が始まり、リトアニアのイェルサレムとも呼ばれた。ポーランドのワルシャワに次いで、ヨーロッパを代表するユダヤ人共同体として栄えたが、一九四〇年にリトアニアがソ連から強引に合併された後からユダヤ人への迫害が始まり、さらに四一年からドイツ軍に占領された。第二次世界大戦前夜に五万七〇〇〇名を数えたユダヤ人人口は、四一年から四四年にかけてドイツ軍やリトアニア義勇兵から過酷な殺害作戦に遭い、四一年末の時点でほぼ三分の二の人命が失われた。終戦後のヴィリニュスに残されたユダヤ人の総数は、わずか二五〇〇名に過ぎなかったともされている〔訳注〕。

# ジャン

僕の母はハンガリー人でした。チェコ人だった僕の父は、フランス北部にあった小さな工場で現場監督を務めていました。父は小型の連絡船を操縦して、工場から倉庫まで移動しました。僕たちの家はそこのあいだにあったから、父は必ずクラクションを二度、鳴らしてくれたよ。僕はこの機関船が停まっているところまで走って行くと、父の隣に腰掛けました。それからふたりで出発したものです……。

もう父の姿《イメージ》を思い浮かべられません。母の表情も、僕はまだ憶えているのでしょうか？……

家の扉の上に掛けてあった「メズーザー(1)」を憶えています。それから、頭の上で鶏をまわしたユダヤ人のお祭りも……。これは何という名前のお祭りだったんだろう？　贖罪の日《ヨム・キプル》(2)だったと思います！　家には、ヘブライ語の本がありました。あとは何も憶えていません……。

一九四三年一〇月のことです。僕は寄宿生として、近くの街にあった中等学校の第六年級に入学しました。僕は星のマークを身につけていました。休み時間になるたびに、馬鹿にされて、殴られた。とても幼かったとはいえ、僕は優秀な生徒でした。学校の最初の週が終わるのを、辛抱強く待っていました。ここで起こったことを、両親に話すつもりだった。そうすれば彼らは、僕をこの学校に放っておかなかったでしょうから。

土曜日の午後、僕は父が工場のトラックで迎えに来てくれるのを、路上で待っていました。ですが、やって来たのはドイツ軍人たちです。彼らは二台の車から出てくると、学校に侵入していきました。

ある生徒が言いました。「やったぞ、奴らは学校にあるものを取り立てるつもりだ。ここにはもう戻れなくなるよ……」。僕はそれを聞くと、嬉しくなりました。その生徒に返事をする時間はありませんでした。校長が息を切らしてやって来ると、僕を呼びました。「荷物は全部ここに置いていきなさい。さあ坊や、一目散に逃げなさい。森を目指して、できるだけ遠くまで全速力で走りなさい。それに立ち止まってはいけないよ」。校長から言われたとおり、森に向かって駆け出しました。でも、どうしてそんなことをしなきゃいけないのか、まったく理解できなかった……。やがて

(1) 主の名前が書き留められた小さな巻き物。小箱に収められ、信仰深いユダヤ人はこれを玄関の上に取りつける〔原注〕。
(2) ユダヤ教で最も厳粛な祝祭日。悔い改めと神の赦しを求めて、完全に断食を守り、神の慈愛を讃える。太陰暦の九月か一〇月に行われる〔訳注〕。

夜になりました。ずっと僕は、学校の近辺にある森のなかに身を潜めていました。腹が減って、へとへとに疲れていました。それに身体も凍えていました。家まで歩いて帰ろうと決めました。

車かオートバイが走り去っていく音を聞くと、すぐに森に隠れました……。でも、オートバイに乗っていたのは、村の獣医だと気づきました。僕は獣医を呼びました。その日、彼は午後の初めからずっと僕を探していたのです（いまになって思うと、この獣医は抵抗運動《レジスタンス》の活動家の一員で、校長は彼に僕のことを通告したのでしょう）。僕はオートバイに乗せてもらいました。車に乗ったドイツ軍のパトロール隊が、僕たちの脇を危うく通り過ぎていくところでした。

オートバイに乗っていた時に、獣医が言いました。「おまえの両親は、ドイツ軍人たちに連行されたぞ。おまえの妹は助かったけれど、ずっと見つからない……。両親が連行された時には、妹は学校にいたはずだ。おまえの妹がどうなったのか、誰も知らない」。僕は泣かなかったのですが、震え出して、歯をカチカチ鳴らしました。オートバイの後部座席にいるから寒いよ、と獣医に言うべきでした。

獣医は、僕を保護することができなかったのです。それは、あまりにも危険だったからです。他の人の家に行くあてはあるのでしょうか？　そう言えば、母は前の週に、星のマークをつけていなかった人たちの家を訪問していました。母は妹と僕を連れて、是非その人の家に行きたがっていました。それから、僕は母の知人たちの家をやっとのことで見つけ出すと、獣医と一緒に、その家に着きました。僕は疲れ切っていたし、歯もカチカチと鳴っていました。僕と獣医は、呼び鈴を鳴らしてみました。その家にいた人たちは、扉を開けに来てくれました。いきなり扉を閉ざすようなことはされなかったのです!

運よく、獣医が頼み込んでくれました。けれども、その家の人たちは、僕をたしなめました。おまえを預かったら、わたしたちも捕まってしまうよ、と言いました……。ちょうどその時、妹は自転車に乗って、たったひとりでこの家に着きました。

この家の人たちは、妹と僕を保護することができなかったのです。心配いらないよ、明日になったら、すぐに迎えに来るよ。どうにかしてあげよう、と獣医が言いました。その家の人たちは、僕たちを一晩だけ泊めてくれることに同意してくれました。

僕は、何も食べることができませんでした。妹もそうでした。でも、とにかく僕たちは再会できました!

その晩、妹は泣きながら、僕に話してくれました。ドイツ軍が僕の両親を逮捕しに来た時、妹は自転車に乗って学校から戻って来たところでした。隣の家の人たちのところまで鶏の世話をすると言いにいきなさい、と母はそっけなく言いました……。彼女の視線を見ると、妹には、母が何を言いたかったのかわかりました。妹はこの母の知人たちの家を見つけるのに、だいぶ時間を掛けました……。

おばのひとりがヴァンドームに住んでいました。彼女は父の兄弟の奥さんで、それにカトリック教徒でした。きっとおばは、僕たちを世話してくれるはずです! その日の晩、僕と妹は彼女に手紙を書きました。

その翌日、僕たちは農家に移されました。みんな親切な人たちでした。おばが迎えに来てくれるまで、農夫たちは妹と僕の面倒を見てくれると約束してくれました。僕たちの姓はルソーと言います。

あと二通も他の手紙を出したのに、おばは来ません。

ヴァンドームまで行ってみろ、と農夫たちに勧められました。僕は妹を連れて出発すると、境界線を越えて、やっとヴァンドームに着きました。「まぁ、あの子たちだわ」。これがおばの出迎えの言葉でした……。彼女が僕らの手紙を受け取ったのかどうか、そんなことは訊けるはずもありませんでした。

妹と僕はすっかり腹を空かしていました……。おばは食べ物と寝具を与えてくれましたが、僕たちはまるで歓迎されていなかったことがわかりました！

おばには、ひとり娘がいました。おばは彼女のために美味しそうな料理を作りました。僕たちは彼女と同じテーブルに座って食事をしたのですが、妹と僕には、その料理を出してくれなかったのです！　わかってください。僕はおばを恨んでいません。彼女は自分の娘を愛していたのです。僕はまったく腹を空かしていないと、自分に言い聞かせなければなりませんでした。

おばは、僕たちの生活を苦しめました。ある日、妹は耐えられなくなってしまうと、家から逃げ出しました。幸いにも、妹は二日後に発見されました。

僕はおばに文句を言わずに、何もかも耐えました。でも、ある光景が記憶に残っています。おばは学校の仲間たちがいる前で、僕を雑巾で叩きました。テーブルのまわりにきちんと椅子を戻していなかったからです。叩かれるほどのことをしたのでしょうか？　よくわかりません。

　ある日、おばの家に僕の両親の手紙が届きました。ところが、彼女は僕らに手紙を見せようとしてくれなかったのです。「ふたりはアウシュヴィッツに向かったわ」。おばはそっけなく言いました。列車から投げ出されたこの手紙は、鉄道員たちが結成していた抵抗運動《レジスタンス》の組織が拾ってくれました。

　教会が僕の避難場所になりました。両親が一刻も早く帰ってきてくれますように。僕はそう神様に祈り始めました。けっしてふたりが戻ってこないとは、考えていなかったですし、そんなことは一度も想像した試しもありませんでした。さっそく両親が戻ってきたら、改宗します、と僕は神様に約束しました。もし、彼らが戻ってきたならば、僕は熱烈なカトリック教徒になっていたでしょう！　その後、フランスが解放されました。僕は待っていました。甲斐もなく長いあいだ、ずっと待っていました。僕は両親と二度と会っていません。彼らにさよならを言うことすらできなかったのです！

　おまえの両親が帰ってくる望みは、もう何も残っていないぞ。ある日、おじが僕にそう言いました。妹と僕が抱えている問題をそれぞれ解決しなければなりませんでした。なぜならおじには、僕たちふたりを一緒に養育する手段はなかったからです。

　妹の問題は、すべて解決しました。おじは、アメリカに住んでいる僕の母の遠い従兄弟と連絡を取りました。その人は、妹の養育を受け入れてくれました。

奨学金を得るために選抜試験を受けると、僕は首席の成績を収めました。おじは隣街にあった高等学校に、僕を寄宿生として入学させました。長期休暇に入ると、一年間に一か月ほど、おじは僕を家に迎えてくれました。あとはけっして、彼の家で過ごすことはありませんでした。おばはとても疲れていたからです。僕は喜んでこの状況を受け入れると、勉強しました……。誰がなんと言おうとも、両親は戻ってきます。ふたりはすぐにおじの家に行くでしょう。そうすれば、両親は簡単に僕と再会できるはずです。

妹と別れると、僕の気持ちは動転しました。両親と会えなくなったように、妹とも二度と会えなくなるのではないのか。そう思うと、怖くなりました。妹と別れたことは、まさに悲劇でした（それから数年後、僕の友人がアメリカに行きました。妹に会いに行ってくれないか、と彼に頼みました。その友人は妹と結婚しました。彼らはフランスで暮らすために戻ってきました。妹はアメリカの家族に甘やかされていたせいで、なかなかフランスの生活になじめなかったのです）。

寄宿学校での生活は、思っていたよりもずっとつらかった。学業の面についてではありません。僕の成績はとても優れていましたから。そんなことは、少しも立派なことではありません。もう勉強するしかありませんでしたから……。僕は孤独を学びました。これはものすごく大変なことだった。いつも寄宿学校に、ひとりで残されました。両親が戻ってこないことがわかると、すぐに僕は寂しくなりました！

それから六か月後に、僕はある男の子と仲良くなりました。彼の両親は、日曜日になったら、息子が僕を家に呼べるように許可してほしい、と校長に頼んでくれました。校長はこの依頼を認めました。

中等学校の第六年級から高等学校の最後の年まで、僕はどの週末もこの男の子の家で過ごしました。短期休暇のあいだも、長期休暇中の数日間もそうです。家族の人たちは、親切にしてくれました！　まるで家族のもとで暮らしているようでした。本当に僕は恩を感じています。

おじはいつも、僕が戦災孤児になることを断りました。どうしてそうしたのか、いまでもわかりません。だから僕には、とくに高等教育を受けるために戦災孤児に与えられていた特権が認められなかったのです。お金がなかったから、昼間働いて、夜に勉強しました。教員養成学校の入学選抜試験を受けた時期のあいだも、そんな生活が続きました。

学校では、知人も仲間もいたのに、けっして友人を作らなかった。人が怖かったからです。

それから、僕は小学校の教師に任命されました。大好きな職業です！　妻も小学校の教師です。彼女は僕より九歳も年下です。僕は結婚したくありませんでした。婚約者に「僕はユダヤ人だ」と告白しなければならなくなった時に、どんな反応をされるのかを怖れていたからです。妻は僕の気持ちをよくわかってくれました。でも、彼女は結婚する前に、カトリックに改宗してほしいとだけ僕に求めました。

どうして、僕は改宗をすっかり受け入れたのでしょう？……

僕は堂々と反ユダヤ主義を褒めそやしている友人の息子のために、代父を務めたことがあります！　彼は僕がユダヤ人だと知りません。彼がそのことを知ったら、どんなふうに思ったことでしょうか！

僕は人生をまったくのゼロからやり直すために、全力を尽くしたと思っています。すべてを消し去って、過去を抹消しなければならなかった。僕はそれに成功したはずです。でも、悪夢だけは別です。妻は僕を起こしました。僕が大声を上げて泣いていたからです。夢の内容を何も思い出せないのに、この悪夢を見た後には、ひどく不安な気持ちになりました。妻は僕が見たこの悪夢の原因について、何ひとつ訊きませんでした。

両親が戻ってくるのを夢に見ると、つい目を覚ましてしまいます……。残念ですが、それは夢にすぎません。この夢を見た日は、ぱっとしません。

本当に一度だけでいいから、母が作ってくれたお菓子を食べてみたい。クルミが入ったハンガリーのお菓子を……。何年ものあいだ、両親が戻ってきた時のために、僕はクルミを手の届く場所に置いていました。ときどき、まだクルミを何気なくポケットに入れることもあります。

母は、僕たちにとても優しくしてくれました。大らかな人でした……。僕は二〇年以上も、出血性の直腸結腸炎に悩まされていました。心理学者か精神科医に相談に行くように勧められたから、そこに通いました。ところが、本当の問題に近づくことができなかったのです。医師たちがそれを見抜いて、そばに来てくれるのを待っていました。自分から話を切り出すことはできませんでした。いまから一年前ほど前に、きみは僕に訊いてくれたね。あなたはユダヤ人ですかって！　それにしても三五年ものあいだ、どうやって僕は自分がユダヤ人だということを、誰にも話さず済ましてきたんだろう？　運が悪いことに、僕と仲良くしていた生徒がユダヤ人だったことは、よくありました……。

二年前の休暇中に、僕はある生徒と再会しました。彼の両親は一緒に休暇を過ごしませんかと言って、僕たちを招待してくれました。彼らはユダヤ人でした。それに彼らの友人たちの多くもユダヤ人でした。僕はくつろいだ気分になりました。家に帰ると、彼らと過ごしたこの休暇にとても満足しました。彼らの仲間の人たちに歓迎してもらったことに、お礼を言いに行きました。今年、妻と僕はみんなと一緒に旅行に出掛けました。

見捨てられることには慣れていますが、受け入れられたことはありません。歓迎なんてされたこともありません。本当にびっくりしました。ユダヤ人たちが僕の出自を疑わずに、腕を広げて迎えてくれるなんて！

僕は、両親の存在を否定しませんでした。でも心の奥には、まだ恐怖が残っています。ユダヤ人でいれば、とんでもない災厄を受けてしまうからだよ！　ユダヤ人でなかったなら、両親は強制収容所なんかに移送されなかったでしょうし、僕も他の子供と同じように暮らしていたはずです。ユダヤ人なんて、もうたくさんです！

子供だった時に、僕はずっと両親を待っていました。ふたりと再会することをよく思い浮かべていました！　こんな僕でも、父母とよく似た人の面影を見ると、馬鹿げた希望を持ちたくなります。

彼らはロシア軍に囚人として捕まっています。でも、もうフランスに戻ってきて、僕を探しているのです。僕はただそのためだけに、何があっても自分の姓を変えたくなかった。たとえ偶然でも、両親がもう一度、僕に会えるようにするために……。

どうして、僕は人生が楽しめないんだろう。そう考えることがよくあります！ すっかり過去を忘れられるなら、他の人たちと同じように生きられたでしょう。それに僕は自分が持っているものに満足して、失ったものをあれこれと考えることはなかったでしょう。

僕には、両親の写真がありません。最後に貰った手紙もありません。黙禱を捧げるべき墓石もありません。いいえ、ひとつだけ資料があります。「死亡……、一九四三年アウシュヴィッツにて」。こんなことには、とても耐えられません。

ええ、僕は心のうちに感じている暴力を恐れています。まるで人生に逆らっているようです。奇妙ですが、僕には生きる資格がないと感じています。

# エレーヌ

わたしは一九三八年にパリで生まれました。家族にいた三人の子供たちでも、わたしがいちばん年上でした。妹のルイーズは一九三九年に、弟は一九四一年五月に生まれました。

わたしの両親と母方の祖父母、それに弟は、アウシュヴィッツに送られました。そこから戻ってきた家族は、ひとりもいません。

パリにいた時の記憶は、何もないわ。わたしたちの家族は、一年ほどニースで過ごさなければならなかったのです。ニースでは、こんな思い出があります。わたしは家族のみんなに頼みごとをしました。大きなソファーに座って足を床から上げてちょうだい、って。みんなすっかり笑って、わたしが言ったことをしてくれました。どうしてそんなお願いをしたの、ってみんなに訊かれました。わたしは家族全員が水の上にいるように感じていたから、こうして足を上げていれば、何も起こらないと思っていたの……。一九四二年七月に、スイス人の女の人がニースにやって来ました。彼女は、わたしのおじさんの友人でした。その女《ひと》は妹とわたしと旅行するために迎えに来てくれました。

わたしはどんなふうに出発したか、それにどのように移動したかも、まるで憶えていません。妹とわたしはその晩、パリにあった彼女の家に着きました。

その翌日、わたしは妹とすぐに引き離されると、修道院に入りました。ひとつだけ勧告を受けました。もうイディッシュ語を使ってはいけない……、ユダヤ人だということを忘れなさい、って。女子修道院長は、わたしを改宗させたがっていたわ。わたしは嫌がって、抵抗しました。彼女から悪魔の話をされると、わたしは怖くなって朝までうめきました。共同寝室で眠っていた子供たちはみんな、そのせいで目を覚ましてしまいました。カトリック教徒にはなりたくなかったわ。というよりも、わたしは考えを変えられたくなかった。眠っている夜のあいだに、悪魔がわたしをカトリックに改宗させてしまうかもしれません……。恐ろしかったわ。結婚するまで、この悪魔が出てくる悪い夢を見ました！

スイス人の女の人がもう一度やって来ると、彼女はわたしをある家族のもとに移しました。そこで妹と再会しました。シャトー＝ティエリでした。わたしたちを預かってくれた農夫たちは、親切な人たちでした。わたしは学校に通いました。

フランスが解放されたのに、誰も迎えに来てくれません。わたしは心配していましたが、ずっと黙っていました。妹のルイーズはまだ幼かったから、何もわかっていなかったのです。

ある晩、農夫たちが話し合っているのを聞きました。彼らは、わたしたちの寄宿代として、ずっとお金を受け取っていました。でも、いったい何が起こっているのか、もはや彼らにはわかっていなかったのです。

それから八か月が経つと、またスイス人の女の人が迎えに来ました。わたしは両親について、彼女に何も訊ねませんでした……。わたしと妹は、農夫たちが仕組んだ卑しい裏取引の対象になっていると教わりました。彼女は、ポルトガルに亡命したおじさんに連絡を取りました。彼はわたしたちと再会したがっていたのに、妹とわたしの新しい名前と、かくまわれている場所を知っていたのは、彼女だけでした！　おじさんは、多額のお金を支払わなければならなくなったのです。彼はこの裏取引をそれとなく非難しました。でも、おじさんはお金を支払うまで八か月間も交渉してくれたのよ！

わたしはこのおじさんの行為について、よく考えることがあります。実の両親だったら、子供たちと再会するために、すぐにお金を払うでしょう……。わたしはおじさんを悪く思っていません。それどころか、妹とわたしはおじさんのおかげで救われたのです。戦争中、おじさんはスイス人の女の人が農夫たちに振り込んでいた寄宿代をずっと払ってくれましたし、その後も彼はわたしたちふたりを育ててくれました。

スイス人の女の人は、わたしたちをポルトガルに送りました。そこにいた二年間は夢のようでした……。おじさんと一緒に暮らしていた女性は、すてきな人でした。ところがある日、破局を迎えました。ふたりが口喧嘩すると、おじさんはわたしたちふたりと一緒に残されてしまったの。おじさんにとって、これはあってはならない状況でした！　彼は、わたしと妹をパリに送りました。そこには強制収容所から戻ってきた、お母さんの姉妹が住んでいました。わたしはこのおばの家に住んでいた時に、一生でいちばんの苦しみを舐めました。わたしに気を遣ってくれたのは、彼女の娘だけでした。おばはわたしたちを世話してくれました。でも、それはおじさんがわたしたちのために、多額の寄宿代を払ってくれたからなの！　彼女はお母さんの姉妹だったのに、わたしはこの人が嫌いでした。神様はまちがえているといつも思っていたわ。どうして、わたしのお母さんは戻らなかったのに、この人は助かったの？

さいわい、おじさんは連れ合いだった女性と仲直りしました。ふたりは妹とわたしをもう一度、すぐに引き取ってくれました。彼女はわたしのために、何をしていいのかわからなかったから、友達になりました。

妹は、わたしと同じようには行きませんでした。

一九六九年のある日のことです。わたしが「おばさん」と呼んでいた、おじさんの連れ合いだった女性が、悪性腫瘍にかかってしまったと教わりました。その時、三番目の子供を妊娠していたわたしは、女の子を産みたかったし、わたしの娘はおばさんにそっくりでいてください、と願いました。

運よく、この願いはすっかり叶えられました。娘は精神的な面でも、おばさんと瓜二つです。

おばさんが亡くなると、わたしは深く悲しみました。もう一度、お母さんを失ったような気持ちになったからです。それからしばらくすると、今度はおじさんが亡くなりました。ついに、家族全員がいなくなってしまったと思うと、胸が痛みました。

数年前から減ってきていますが、わたしはとくにこんな悪夢を見ると、夜のあいだ怖くなります。そこに着くまで、たったひとりで旅しています。やっとその場所にたどり着くことができました……。砂漠が広がっています。ここには誰も住んでいないし、植物すら生えていません。でも、がっかりしていません。わたしは砂漠のなかを歩いています。突然、三つの丸い穴のようなものがあるのに気づきました。ひとつの穴は小さくて、もうふたつの穴はそれよりも大きかった……。生き延びようとするために、彼らは穴のなかに隠れているのです。まちがいありません。わたしは慌ててそこに駆け出すと、穴を塞いでいる石をやっとの思いで持ち上げました……。わたしよ、エレーヌよ、娘のエレーヌよ、と呼び掛けました。石を取り外して、穴のなかを覗くと、そこにはたくさんの骸骨がありました。それから、あざ笑っている声が響いてきました。わたしはうめき声を上げて……、目を覚ましました」

ええ、わたしは両親についてほかの人に尋ねたことは、一度もありません。それを話すことができなかったからです。何かを言おうとしても、言葉は喉の奥で挟まってしまいます。「たとえ病気にかかっていても、とにかくお母さんは戻ってくる……。お母さんは戻ってくるのよ」。わたしは自分に言い聞かせました。ずっとそうなることを願っていました！

家族たちについて話し尽くすことは、わたしにはできませんでした……。目の前で、強制収容所への移送についてほのめかされたら……、逃げてしまうでしょう。でも、それは意気地のないことです。わたしは屈したくありません。

わたしの夫はユダヤ人です。といっても、北アフリカの出身です。夫は陽気な人です。強制収容所の移送についてまったく知らないから、これらの問題とは関わりがありません。

わたしは、もうイディッシュ語で話すことができません。子供たちがイディッシュ語を理解するために……、どうしてもドイツ語を勉強してほしいと思っています……。それはすごく嬉しいことじゃない[1]？

ええ、わたしは両親にさよならを言ってないの。ニースを出発したことが、いったい何を意味していたのか、わたしは何も知りませんでした。それから翌々日に行われた一斉検束で、両親が逮捕されたことを教わりました。

両親は、危険を背負いながらも、わたしたちを救ってくれました。ふたりはニースに残りました……。彼らは、ふだんと同じ表情を浮かべていたわ。わたしは観光旅行に出るような気分でニースを出発したのでしょう。

わたしたちを救ったことが、両親にとってたったひとつの慰めになっているの！　でも……、わたしは本当にみっともないことを言っています……。なんとしても、ふたりはわたしたちの命を救わなければなりませんでした。ところが、わたしたちは両親を失って、つねに捨てられたという気持ちを抱えながら、生きていくことになりました。

なんてことでしょう。わたしには、そんなことを考える資格なんかありません……。弟は運に見放されてしまいました……。なんて恐ろしいことなんでしょう！　どうして、わたしたちには運が味方してくれたのに……、弟には運がなかったのでしょう？　わたしの子供は、弟と同じ名前をつけています。

(1) イディッシュ語とドイツ語の関係については、一三頁傍注(4)を参照〔訳注〕。

# エレーヌの妹ルイーズ

姉とわたしは、スイス人の女と一緒にもう列車に乗り込んでいたわ。まもなく列車は出発します。母は、まだ生後一八か月だったわたしの弟も連れて行ってほしい、ってこの女に頼んだのに断られました。列車が動き始めると、母は弟を列車のドアに向かって差し伸べました……。

わたしは、両親の表情を憶えていません。あるのは写真だけなの……。わたしの両親とは別人の写真が与えられたとしても、その人が両親と何がちがっているのかさえ、わたしにはわからないでしょう！

最初に引き取られた農家で、わたしはそこでいちばんに幼かった男の子の脇で眠りました。彼はずっと咳き込んでいて、血も吐き出していたわ。眠っているあいだに、男の子は息を引き取りました。その子が動かなくなったのに気がついたのは、わたしよ。怖くなかったわ。埋葬には参加させてもらえなかったけれど、窓辺からその光景を見たわ。わたしは二度目に引き取られた家族で、無事に姉と再会しました……。

姉は何もかも理解していたから、この状況を受け入れようとしました……。わたしはそうじゃなかった。おとなしい振りをしながら、どんなにつまらないことが起こっても、いつも反抗したわ……。わたしは、とめどなく怒りと涙のあいだで揺れ続けているそうです。わたしはなるべく悲しみに浸らないようにしています。そうしなきゃ生きていけないの。

このスイス人の女にましな思い出なんかありません。恐ろしいほど冷たい人で、それに偽善者だった。どうして、彼女は弟を救うのを嫌がったのでしょう？　幼い子供を救助するのは難しいことですが、弟の生命が懸かっていました。この子の生命はあなたが背負っているの、って母はしっかり言ったのに、彼女はそのことがよくわかっていなかったのを謝りもしなかった！　両親もそんな彼女の性格を見抜いていたでしょう……。

ええ、両親はその日の翌日に逮捕されました。ニースで大規模な一斉検束が行われた日に……。

母の姉妹が、姉とわたしに行った仕打ちを絶対に許さないわ。わたしはこの女が大嫌いなの。彼女は嫌われるために、あらゆる悪事を働いたと言わざるをえません。わたしと姉は、下女のように扱われました。わたしたちを大切にしてくれたのは、彼女の娘だけだった。たとえ姉でも、このおばを我慢できなかった。どうして、おばは強制収容所に移送されても帰還したのに、母は帰ってこられなかったのでしょう。こんなにふざけたことは他にないわ。さらにこの女は、わたしが憶えていない母といったいどこが似ているのでしょう。わたしは心配してそんなことを考えました。

あとになって、わたしは姉とまるで似ていないことがわかると、大喜びしたわ。そのおかげで、母も彼女の姉妹とはまるで別人だと、自分に言い聞かせられるようになりましたから！

わたしを妊娠していた時、母はわたしを育てたいと思っていなかったそうです。ある日、この話をおじから聞かされると、わたしはいっそう見捨てられたような、奇妙な感情を抱きました。母は長いあいだ、わたしの出産をためらっていたそうですが、彼女のお兄さんが懇願したから、譲歩したの。わたしはそう言ってくれたおじに、生前と生後に二度も恩を受けています。わたしたちが知らないあいだに、戦争中でも、このおじが生活の糧を不自由なく与えてくれましたから。

それでも、わたしはこう考えると安心します。姉はみなから好かれていたから、母にも当然、気に入られていたでしょう。けれども、母はわたしと同じように姉も手放してしまった……。弟もどこかにいなくなってほしかったのよ……。こんな感情を持ちながら生きていくのは、とても難しいことなの……。母はきっとこんなふうに、わたしを厄介払いしたはずよ……。「いや、そうじゃない、母はわたしを救いたかったんだわ……」。わたしはいつもそう考え直して、気持ちを落ち着かせなければなりません。

母はわたしを救ってくれました。わたしを慰めてくれる事実は、これしかないの！　わたしはおじに可愛がってもらえました。そのこともわかっています……。それでも、おじと彼の連れ合いの女性に、両親の代わりをされたくなかったわ！

姉はみんなから受け入れられました。まわりの人たちから好かれていたから、心配などありません。これは姉なりの生きるための流儀でした。わたしは姉とは正反対です。孤児というわたしの境遇に哀れみを持たれたくないの。とくに自分の両親が、他人と入れ替わってしまったと思われたくないのよ。わたしはこんなふうに扱おうとした人たちを、力ずくで拒絶しました……。そのせいで、わたしはのけ者扱いされました。そうよ、これがわたしの生き延びるための流儀なの。それだけよ。

夫には、けっしてこんな態度を取りません。わたしは夫に愛されているから幸せです。

わたしには、三人の子供がいます。わたしは子供たちに好かれています。そんなことは聞くまでもないわ。だって、無二の子供たちですから。


わたしは、姉とわたしを見捨てた両親を恨んでいます。でもこんなに恐ろしい考えは、他にないわ。いつかこの恐ろしい考え方を認められるようにするために、わたしはあなたと対談しなきゃいけないの！　とくにわたしは母を恨みたいのよ。一九四一年を過ぎたころ、おじはわたしたちがフランスを出国できるように、ヴィザを送っていたそうです。その時期には、家族はニースに着いたばかりだったから、わたしたちはフランスを出ることはできました。

でも、わたしの祖父母はとても歳を取っていたから、もう二度と国外に移住したがらなかったの。母は両親と別れて、彼らだけをフランスに残したくなかったのでしょう。母の両親は、孫のわたしたちよりもずっと自分の娘を大切にしていました……。わたしはそう思っているわ！

母は、子供としての義務を親たちに果たしました。まちがいありません。彼女は、両親のために、自分の生命を犠牲にしました……。それにわたしたちの生命も。だって、わたしはずっと不幸のまま生きていますから。幸福になるための条件がすっかり揃っていようと、わたしには、幸せになるとはどんなことだかわからないわ。

ドイツ軍がわたしたちを逮捕しに来た時、母は家族の誰かが来るまでこれを保管してくださいと言って、建物の管理人にひとつだけ小包を預けました。小包には、宝石と未使用のヴィザ、それに写真が何枚か入っていました。

わたしの夫は写真家です。わたしにとって写真は大切なものです。さっきも同じことを言いましたけど、姉は少なくとも母を憶えています。でも、わたしには彼女の記憶が一切ないの！

わたしは信仰を持っていないし、神を信じることができません。宗教に反発しています……。でもわたしには、そんなことを考える資格すらありません……。だって、わたしは助かったし、強制収容所へ移送もされなかったからです……。わたしはほかの人たちや弟と比べると、輝かしい人生を送っています……。

息子には、かならずバル・ミツバをしてほしいと思っています。わたしが言っていることをわかってちょうだい！

両親と弟は、「無駄に命を落とした」はずはないわ……。彼らが無駄に死んだなら、わたしはどうして生きているのか、わからなくなるから……。

※

ルイーズはこの対談が本に収められて出版されることについて、本当にうんざりしていた。彼女は何が自分を気詰まりにさせているのか、理解することができなかった。突然、ルイーズは叫んだ。

「もう匿名なんかになりたくない。こんなのはたくさんよ。もう耐えられない。この対談を採用してちょうだい。ルイーズ・ブロドスキーというわたしの本名を入れて、出版してちょうだい」

# コレット

わたしには、両親とふたりの兄たちがいました。みんなアウシュヴィッツに送られました。そこから戻ってきた人は誰もいません。生き残ったのは、わたしだけです。

両親はわたしが生きていけるように、闘ってくれました。ふたりはわたしのいのちを買って、お金を払ってくれました。これは本当の話です……。

わたしは、星のマークを身につけていました。お父さんが経験したこんな光景を憶えています。彼は初めて上着に星のマークを縫いつけると、これを第一次大戦で授かった国の勲章で囲みました。通りまで降りていくと、お父さんはそばにいた住人たちから祝福されたわ。自転車に乗っていた見知らぬ通行人でさえ、彼と握手するために立ち止まったの。この光景をわたしたちに話しながら、お父さんは感激していたわ。

一九四一年の初めに、長兄のジャックは自由地域に渡りました。危険なのは、ジャックだけだと思っていました。

どうして、両親はユダヤ人として人口調査をしに行こうと決めたのか、わかりません。でも、ふたりが一晩中、人口調査について話し合っていたことは憶えています。

まずお話ししておきますが、両親はふたりともフランスで生まれました。フランス語が母国語でした。それにふたりとも社会になじんでいました。彼らがイディッシュ語を理解できたのか、わかりません。それに宗教的な実践が行われていたかについても、わたしにはまるで憶えがありません。両親にとって重要だったのは、法に触れないようにすることでした。つねに法を遵守していれば、何も悪く言われることはありませんから。お父さんは戦争前、金物商人をしていました。戦争中には、家族を養うためにミシンを手に入れて服を直しました。一九四三年になると、わたしの身の危険を案じた両親は、寄宿生としてわたしを修道女会に入れました。わたしはもう星のマークを身につけていなかったわ。ユダヤ人ということを二度と口にしちゃだめよ。修道女たちからはそれだけを求められました。わたしにとってこの寄宿生活は、家族との、とくにお母さんとの最初のお別れになりました。

家族から離れると、わたしは苦しみました。お母さんは週に一度だけ会いに来てくれましたが、彼女が家に帰るととてもつらくなりました。

その後、両親はわたしを引き取ってくれました。どうしてそうなったのか、まるでわかりません。家族と暮らしている方がより安全だとふたりが思ったからなのでしょうか？　それとも、わたしが寄宿学校で、とても悲しそうにしていたと彼らが感じたからなのでしょうか？　毎晩、わたしはただ眠るために、隣の家まで行きました。

朝になると、フランス警察がわたしの家族を逮捕するためにやって来ました。次兄のミシェルは不運でした。彼は仕事に出掛けようとしていましたが、この日に限って、いつもより遅れて家を出てしまったからです。警官たちは、ちょうど家を出たばかりだったミシェルを歩道で逮捕しました。彼は星のマークを身につけていました。おまえはこの家の子供なのか。警官たちがミシェルに訊きました。彼らに連れられて、ミシェルは家に戻ってきました。

フランス人の捜査官たちが家に着きました。別の部屋でおとなしく待っていてね、ってお母さんはわたしに言いました。当時、わたしは一〇歳でした。両親がわたしを救うために交渉している声が聞こえてきました。お母さんは捜査官たちに嘆願しています。彼女はわたしたちが持っていた、なけなしの財産を彼らに与えました。捜査官たちはお金と宝石を取ると、わたしを隣の家まで行かせることを承諾しました。ここで起きたことを一言でも話したら、おまえの両親を痛めつけるぞ。階段を下りながら、捜査官がわたしに警告しました。

まちがいなく両親は、ミシェルの命も買おうとしていたのでしょう。でも、彼はもう一六歳になっていたから、それは無理でした。

わたしの両親の人生について、もうひとつの逸話があります！　警官たちが彼らを連行した時、隣の家にいたわたしは、窓辺からふたりを見ていました。お母さんは、わたしに向かって頭を起こすと、とてもさりげなく合図を送ってくれました。これがすべてです。

わたしは、いつもこの光景を思い浮かべます。

その日の晩になると、隣の家の人は、わたしをおばの家まで連れて行ってくれました。彼女の夫も逮捕されたばかりでした。おばは八歳と一〇歳になるふたりの息子と暮らしていました。彼女はわたしも抱えて、これからどうするつもりだったのでしょう?

おばはわたしをもう一度、修道女会に送ろうと思っていました。修道女たちは二か月間の予定で、孤児院の子供たち全員を休暇旅行に連れて行ってくれました。わたしも修道女たちと一緒に旅立ちました。

休暇中の思い出は、つらいものばかりです。わたしはひとりぼっちでしたし、悲しかった。修道女たちから優しくしてもらえたのに、少しもくつろげなかったわ。将来がぼんやりしたまま生活を続けました。初めてわたしは、「瞑想」に耽っているように感じました。

フランスが解放されました。その後、わたしはおばの家に戻りました。おばもわたしも、これは一時的な滞在になると思っていたわ。まさか誰も戻ってこないとは、想像していなかったから。そう、両親は一九四四年六月に、強制収容所に向かった本当に最後の列車で移送されました。それに若くて、丈夫だった兄たちも……。

長兄のジャックの強制収容所への移送について、ずっとわたしは憤慨しています。自由地域にいたジャックは、結核性の腹膜炎にかかったから、フォン＝ロムーにあるサナトリウムに入院しなければなりませんでした。

わたしを家に迎えてくれた隣家の息子は、長兄とは数年来の親友で、ふたりは同じファーストネームをつけていました。ジャックは、彼の親友がドリオ主義者の青年団員[1]だったことを知らなかったのでしょうか？　とにかく、この若いドリオ主義者はピレネーまで旅行しました。どうやって彼はジャックの住所を手に入れたのでしょう？　わたしには何もわかりません。ふたりは文通していたのでしょうか？　それとも両親は息子の近況をこの人の口から直接、聞きたかったのでしょうか？

ともかくこの友人は、ジャックのお見舞いに来ました。面会を受けているあいだ、彼は病気が快方に向かっていた若いユダヤ人を友人に紹介しました。

ジャックと幼なじみの友人のあいだで口喧嘩が起こると、ふたりは仲違いをして別れました。ところが、彼は友人に裏切られることを、まるで予想できなかったのです。その二日後に、警官がジャックと彼のユダヤ人の友人を逮捕しに来ました。ジャックは担架で運ばれて、サナトリウムを去りました。わたしは後になってから、この話を聞きました。

おばの家でわたしたちは毎日、生存者の名簿《リスト》が読み上げられるのをラジオで聞きました。そして、たったひとりでホテル・リュティシアに行くと、そこで自分の夫と姉妹と義兄、それにふたりの甥の写真を掲げました！

わたしたちには、ひとつだけ希望がありました。一九四五年二月に、次兄のミシェルが生存しているのを見たと信じている人たちがいたからです。でもどうしたら、写真にある顔を見て、それがミシェルだと確実に見分けられるのでしょう？　彼はもう変わり果てているかもしれないのに……。

わたしは長兄のジャックに、すっかり憧れていました。とても輝かしい人だったわ。スポーツマンでしたし、音楽も演奏しました。それに美術の勉強を志していました。ジャックは、人に好かれるものにすっかり恵まれていたわ。

家族たちが強制収容所から帰ってくるのを待っていた時、わたしは次兄のミシェルが戻ってくる

（1）ドリオリスト。ジャック・ドリオによって一九三六年に設立され、親ヒトラーの極右運動を展開したフランス人民党の構成員と共鳴者。「関連年表」一九四〇年七月〜八月〔原注〕。／ジャック・ドリオ（一八九八〜一九四五）。フランスの政治家。金属労働者を務めた後に、第一次世界大戦に従軍。大戦後に共産主義青年同盟書記長に就任し、一九二四年には下院議員およびサン＝ドニ市長にも選ばれた。三四年にフランス共産党から追放されると、三六年にファシスト政党のフランス人民党を創設。第二次世界大戦前には、約三〇万名のフランス人民党党員を獲得した。ドイツ軍占領期には、ヴィシー政権を積極的に支持し、四一年から義勇軍を率いて東部戦線でソ連軍と闘った。四五年二月に機銃掃射により死亡が確認された〔訳注〕。

のを心待ちにしていたことを憶えています。きっとわたしは、彼にさほど多くのものを求めていなかったから、家族でも一番に愛着がなかったミシェルの帰還を求めていたのでしょう。

　わたしは長いあいだ待ち続けました。とくに次兄のことを。


　一一歳から一六歳のあいだ、わたしはおばさんとふたりの従兄弟たちと一緒に暮らしました。彼女の夫は、もう戻ってきませんでした。おばさんはほんの少ししかお金を持っていなかったのに、三人の子供たちの世話をしました。そんな善意をおばさんから受けていたのに、わたしは彼女の本当の娘ではないと思っていたのです。きっとおばさんを恨んでいたのでしょう。

　わたしが中等教育第一課程修了証書《BEPC》（2）を取得すると、おばさんからある選択を求められました。戦災孤児として高等学校の寄宿生になるか（おばさんは、一銭も払えなかったにちがいありません）、それとも、勉強を辞めて職を得るかです。

　わたしはおばさんを恨んでいません。三人の子供たちを養育することが、どんなに厳しいことだったのかわかっていましたから。でも数年後、彼女の息子たちの将来が問題になった時、やはりおばさんはわたしと同じ選択を彼らに迫らなかったわ。

　修道女会や寄宿学校のことは、もう口にするべきではありませんね。わたしは、イギリスで家事の手伝いをしながら、通信制の授業を受けました。バカロレアには、問題なく受かりました。

　わたしのことを頑固者で、わがままだと非難したおばさんのひとりに、わたしはお母さんに可愛がってもらえなくて寂しい、と言ったことがあります。お母さんがいなくなって、本当に寂しかったからです。それはいまも同じなの。

わたしが一〇歳だった時に、両親は強制収容所に送られました。それは強制収容所への移送というよりも、お母さんがいなくなった現実をわたしの人生に刻みつけたと感じています。

わたしは優秀な生徒でしたし、教授資格《アグレガシオン》を取るために、熱心に勉強しました。お母さんの誇りにしてもらいたかったから頑張ってきたのだと、わたしはずっと思っていました。

夫になってくれた人と出会うと、わたしは彼に惹かれました。それは、彼が美術を学んでいたこととと無関係でありませんでした。わたしには、四人の子供がいます。長男はわたしの長兄の名前をつけています。

夫はユダヤ人ではありません。それに子供たちはわたしたちと同じように、神様を信じていません。でも子供たちは、自分たちにユダヤ人の血が半分入っていることを知っています。ユダヤ人になることは、わたしにはどんな意味があるのでしょう！　わたしはユダヤ人たちが歩んで来た過去から、きっぱりと切り離されてはいけないのでしょうか？

わたしは人生をとおして、ずっと闘い続けている気がします。いまでもわたしには、この闘いの

（2）Brevet d'études du premier cycle du second degré の略称。中等学校教育課程の修了時に交付される国家免状〔訳注〕。

意味がわかりません。わたしのまわりには、大きな空白が空いているみたいなの。どんなに骨を折っても、わたしはこの空白を埋めることができません。

子供との関係には、苦労しています。でも、わたしはうまく子供を育てたいと思っています。生きて行くことは、とても難しい。ええ、それは本当に難しいことなんです。

# ロベール

私が生まれたのは、一九二九年です。家族のなかで生き残ったのは、四人きょうだいの長男だった私だけです。

私が育った家庭環境では、ユダヤ教の信仰が厳しく実践されていました。宗教的な強制に逆らったことがあります。ある晩、私はお祈りを拒否すると、体罰を受けました。この出来事は、いまでも忘れていません。

私には、思い当たることがあります。私の両親のように信仰が篤くて、貧しかったユダヤ人たちは、どうしてユダヤ人居住区《ゲットー》で暮らさなかったのでしょうか? きっと両親は、「室内」をとても大切にしていたからでしょう。子供ふたりが一部屋を使っていました。ピカピカに輝いて見えるくらい、清潔な家でした。両親はゲットーの汚さと雑居状態を嫌がっていたのでしょう。

私たちは、アルザスからロワイヤンに送られました。一九四一年には、すべてのユダヤ人たちはドルドーニュの居住地で軟禁されることになりました。国から徴用された古ぼけた農場が、私たちに振り分けられると、そこで多くのユダヤ人家族が再び集結しようとしていました。ところが父は、家族だけが使用できる農場を手に入れるために、都合をつけてくれたのです。

母は家事をこなしました。父と私は畑仕事に精を出しました。しばらくして、父は優れた農夫として頭角を現すと、近隣の農夫たちに嫉妬されました（父は以前、既製服の訪問販売をしていました）……。この農場で過ごした年は、私の人生のなかで最良の時でした。

父と私は、畑仕事が気に入りました。

子供たち四人は、幸せに暮らしていけるはずだった。けれども黄色い星のマークは、私たちが普通の農民ではないということをたえず思い出させました。

私は、この星のマークをひどい屈辱のしるしだと感じていました。それを身につけることを拒否しましたが、両親から強制されました。これは問答無用だ、と言われました。

学校では、たいていどの休み時間になっても、私は農家の子供たちの一団から地面に倒されました。殴り合いもしました。とてもつらいことでした。私を庇ってくれる人は、誰もいなかった。私が孤独を感じ始めたのは、きっとこの時からでしょう。幸運にも、私は歳の割に身体が大きくて、逞しかったおかげで助かりました。何か月も経ったら、彼らは私をいじめることにもう飽きてしまいました。それでも私には、ひとりの友達がいました。

私は、ふたりの叔母さんたちが大好きでした。一番歳の若い母の妹たちです。彼女たちは、私たちが働いていた農場から一〇キロほど離れた場所に住んでいました。一九四二年の初めに、彼女たちはドランシーに連行されました。

どうして、私たちは農場に残ったんでしょう？　私たちは、境界線からわずか四キロしか離れていないところに住んでいました。私は毎日、境界線のすぐそばまで牛乳を手に入れに行きました。森伝いに行けば、境界線には簡単に着けると思っていました。でも両親は、きっと境界線を渡ることなんて考えてもいなかったでしょう。

ある晩、憲兵たちがやって来ました。支度をしろ、一人につき小さな袋をひとつだけ持て、とくにかさばる物は持つな、と求められました。憲兵たちは、三時間後に私たちを迎えに来るとも言いました。

母が泣いていたのを憶えています。私も泣きました。涙を流しながら、私たちは服の包みを用意しました。留守のあいだ鶏の世話をお願いしますと依頼するために、私は隣家まで走らされました。それから、時間に遅れないように気をつけながら、私たちは衣服を包んだ袋を手に抱えて、路上で待ちました。ユダヤ人の家族をかき集めに来た長距離バスが停まっていたから、私たちはこのバスに乗りました。点呼を欠かした人は誰もいません！　この状況を考えると吐き気がするよ！

Aというところに着くと、たくさんの長距離バスがそこに停まっていました……。フランス人として申告された子供たちは、緑色の紙を手に持たなければなりません（私は自分がフランス人と申告されていた理由がわかりません。三人の弟と妹は、私よりもっと幼かったのに、フランス人と申告されていなかったのです）。そこにいたユダヤ人の子供たちは両親と、それから兄弟や姉妹たちとも引き離されました。子供たちはうめき声を上げていました。それに親たちも泣いていました。おぞましい光景が繰り広げられていました。

私に近づくために、父はこの大混乱をうまく利用しました。父は家族が所持していたすべての財産、全額七〇〇フランのお金（私はまだそれを保管しています）と彼のポケットナイフ、両親の結婚指輪と腕時計、母の指輪と、私が大切に保管しておかなければならない住所を手渡してくれました。それはPという街に退避している、年老いたラビの住所です。行き場所を失くして、窮地に立たされたら、私は誰とやりとりをすればいいのかわかりました。

ひとりの男性が近寄ってくると、私は六歳になる彼の息子を預かりました。「この子と一緒にいてやってください。まだ幼い子供ですから。この子を君にまかせます。ベルナール・ベルコヴィッツという名前です」。彼は私にそう言って、必死に頼みました。

私は、小さな子供と一緒になりました。この子は金色の小口の本を大切そうに抱えていました。「あげるよ」と彼は言いました。きっとこの本は一番の宝物だったのでしょう。ベルナールは八歳か九歳だったはずです。私はペローの『童話集』をもらいました。

こんな災難が起こっている最中でも、私は母にさよならを言いたかった。けれども、母がいるところに近寄らせてもらえません。ここから出て行け、とドイツ軍人に命じられました。すぐに従わなかったせいで、私はその男に殴られたのです！

父はこの光景を目の当たりにすると、ぐったりと座り込みました。突然、父はわめきました。

「ロベールよ、忘れるな。おまえはユダヤ人だ。おまえはユダヤ人であり続けなければならないんだ！」。これが父の最後の言葉でした。私はこの言葉をつい昨日聞いたかのように、思い浮かべています。「おまえを愛している。怖いものは何もないぞ。気をつけろよ」とは言わずに、父はこの言葉だけを私に残しました……。

点呼されると、子供たちの人数が数え上げられました。二〇人の子供たちがそこにいました。一番の年長者は私です。私はもう一三歳になっていました。一人前の年齢です。

ひとりの司祭が迎えに来ました。それから私たちは歩き続けました。一番に幼かった子供たちは、ついていけなくなりました。彼らは泣き続けて、両親を呼び求めていたのに、司祭は移動中に一言も私たちに話しかけてくれませんでした。

ようやく、私たちは一軒の家に着きました……。そこは非行少年たちの家なのか、社会福祉を受けることを必要としている子供たちの家なのか、わかりません。私たちはこの家に何日間か滞在しました。誰も私たちの世話をしてくれませんでした。そこでは食べて、眠るだけです。二〇人の子供たちは、いつも一緒に過ごしていました。ほかの子供たちが混ざることはありません。そもそも混ぜてほしいと言ってきた人なんか、誰もいません。

僕の両親はどこにいるのか調べてほしい、と私は司祭に訊ねてみました。でも、ごまかすような返事をされました。

それから四日が経ちました。司祭はユダヤ人も、非ユダヤ人の子供たちも一斉に集めました。いまからとても美しい邸宅に向かう、と司祭から教わりました。その邸宅は大きくて、広々としていました。それに明るくて、間取りも立派でした。ところがそこで司祭から、ユダヤ人の子供たちは他の人たちと同じようにミサに出席しなさい、と求められました。しかもきみたちはキリスト教徒になりなさい、とも言われました。司祭は私たちを改宗させるために手を尽くしました。

私はミサに出席することを拒否すると、司祭から罰を受けました。私は耐えました……。幼いベルナールにも、ミサに行かせないようにしました。ベルナールを彼のお父さんから預けられていたから、私はこの子に責任を負っていると感じていました。

ある日、一通の手紙を受け取りました。開封されていたこの手紙は、ドランシーから送られてきました。両親が私に書いてくれた手紙です。父は私を叱りつけていました。「おまえはなんという子供なんだ？　私たちは、おまえに持ち物を全部預けたぞ。小包の引換券[1]もおまえに送った。おまえの弟たちと妹は、とても腹を空かしているからだ。何も食べ物を送っていないのは、おまえだけだ」。私の顔が真っ赤になりました。慌てて司祭のところへ駆け込みました。「僕の両親が送ってくれた手紙は、どこにあるんですか？　小包の引換券をいったい何に使ったんですか？」。まさに気が狂いそうでした。「僕の両親は、もう僕がきょうだいたちを忘れてしまったと思っています。おわかりですか？」。私は泣いて、足で床を踏み鳴らしました。すっかりヒステリーの発作を起こしていました……。司祭はひどく困惑した様子を浮かべて答えました。おまえの両親は、おまえの代わりにきょうだいたちに小包を送ったぞ。司祭は封筒についていた付箋を私に示しました。「手紙と小包の差出人への送付は不要。差出人の行き先不明」

翌日、私は病気にかかりました。その時のことは、何も憶えていません。重い黄疸の症状が現れましたが、やがてそれも治りました。宗教的な重圧はどんどん激しくなっていきます。それはもう耐え難くなるほどの重荷になりました。私は「ユダヤ人であり続けなければならない」ことを知っていました。住所を取っておいたラビに、こっそりと手紙を出すことに成功しました。僕は改宗を迫られています、とラビに言いつけてやりました！

その三日後に、ひとりの女性がやって来ました。彼女はラビの代理として、二〇人の子供たちを迎えに来ました。ラビは私たちを出迎えると、同じ日に、私たちをユダヤ人の家族たちのもとに振り分けました……。その家族の人たちも、私たちとまったく同じように星のマークをつけていまし

（1）ドイツ軍占領後から慢性的な食糧難に陥っていたフランスは、一九四〇年九月一七日から配給制を開始し、食料、日用品を購入する際には、配給券（ticket）や引換券（bon）との交換が義務づけられた。食品の配給量は、おもに子供、青年、成人、肉体労働者、妊婦、老人などに区分されていた。それでも食料品の配給量は減り続け、地方に在住する農民は、都市部の住民たちのために肉や野菜などを詰めた小包を提供するようになった。ドランシー収容所への小包の発送は、四一年一一月からひと箱三キロを上限に許可されたが、収容所がドイツの統制下に置かれた四三年七月から、収容者個人宛ての小包と手紙の郵送は禁止されることになった〔訳注〕。

た。ええ、ラビはどんな腹積もりをしていたのでしょう？　考えてみれば、それはカフカよりもひどいものだよ！

私が滞在していた家族には、一人っ子の少年がいました。私はその子と同じ部屋で暮らさなければなりませんでした。七歳だったその少年は、私を嫌っていましたし、心から私を拒絶していました。それでも彼の両親は、自分の子供をとがめません。私はまるで石ころのように不幸でした。私の人生のなかでも、この時よりも不幸だった時期はありません。ひとりぼっちだった私は、自分と同じユダヤ人の子供から締め出されていたのです。でも、彼には私と違って両親がそばにいます。ある朝、その少年は私の歯ブラシにおしっこをしたとまで言いました。もう限界でした。

私はラビにもう一度手紙を書くと、別の家族を探してほしいと強くお願いしました。すぐにラビは、他の家族を探してくれました。今度は、商店を営んでいるユダヤ人の家にあたりました。その家の亭主は、強制収容所に移送されてしまったのです。彼の奥さんは、とても病気がちだったから、この家で働いていた女中が私の世話をしてくれました。ジュディスという一四歳の女の子も、私と同じ事情でこの家に移されていました。

ここは天国だった。私はジュディスに恋をしました。学校にいる時は、熱心に勉強しました。私は一学年の飛び級を希望しましたし、それも叶うと思っていたよ。女中が私たちを可愛がってくれたおかげで、私は生き返りました。何でもできると思いました！

ベルナールが移された家は、私の家のすぐそばにありました。私たちは一緒に学校に通いました。

ある光景を憶えています。星のマークをつけた子供たちは、広場を横切ることができなかったから、そこを迂回しなければならなかったのです〔「関連年表」一九四二年七月八日〕。広場には、メリーゴーランドが設置されていました……。子供たちが木馬に乗っています。学校から帰ってきたベルナールと私は、メリーゴーランドの正面にあったショーウインドーにもたれて、その景色を眺めていました。

ひとりの婦人がケーキ屋《パティスリー》から出てきました。彼女は小さな男の子の手をつないでいます。その子はケーキを食べていました。ベルナールと私の視線は、もの欲し気だったのでしょうか？ その婦人はもう一度、店に入っていきました。そして、店から出てくると、私たちにケーキの箱をいそいそと差し出して、去って行きました。たくさんのケーキが箱のなかに入っていました！

私はベルナールとケーキの箱を放っておいて、その婦人を探しに行くために走りました。「育ちが悪いユダヤ人」とは、絶対に思われたくなかったからです。その婦人に追いつくと、私は彼女を見つめて、「どうもありがとう。ありがとうございました！」と言いました。頰を一面に赤らめながら、私はケーキを食べるためにさっきまでいた場所へ戻りました。

ある朝、私たちを住まわせてくれた女性の家に招集状が届きました。「すべてのフランス系ユダヤ人の子供たちは集結して、居住している家族のもとを退去しなければならない」。再び一台の長距離バスが私たちを連行すると、私たちはPにある強制収容所に「放り出され」ました。

ベルナールとジュディスと私は、最初にP収容所に着いた子供たちのなかに含まれていました。数時間のあいだに、あらゆる年齢の子供たちを満載した長距離バスが、つぎつぎと到着しました。いったいどのくらいの数の子供たちが、そこにいたのでしょうか。子供たちはいたる所でひしめき合っていたのに、大人は誰ひとり付き添っていません。その晩、水とキャベツの葉を入れた、大きなたらいが運ばれてきました。忘れるところでした。子供ひとりにつき一枚のパンの切れ端が与えられました！

収容所に到着してから、三日目のことです。私たちは、赤十字から送られてきたキャンディーの大樽を受け取りました。キャンディーは袋に包まれていなかったから、剝き出しのままくっついて、がちがちに固まっていました。子供たちはキャンディーを手に入れようと、まさに殺し合わんばかりでした。私は大樽のなかに、すっぽりと入り込んでしまいました。この時の私の姿は、いまでも思い浮かべられるよ！

一日に二度、キャベツを入れたたらいが回ってきました。私たちは一週間ほど、誰も大人に付き添われないまま収容所に残りました。この状況は想像できないでしょう。

子供たちは遊びました。へとへとになるまで遊びました。そうする必要がありました！

ある朝、ついに私たちは全員、専用列車で連れ出されました。どの車両にも、子供たちが詰め込まれていました。私たちはパリに再び戻ると、それからいろいろな施設に振り分けられました。

私はジュディスとベルナールと一緒に残りたかったのに、この願いは叶えられませんでした。私はもう一四歳になっていましたから、一四歳から二〇歳のユダヤ人の青少年たちが働いている、就労施設に行かなければならなかったのです。

私たちは、ドイツ軍の統制下に置かれているフランス・ユダヤ人総連合〔「関連年表」一九四一年一一月二九日、一九四二年七月八日〕(2) に引き取られました。ひどい話です。

ベルナールとジュディス、また他のすべての子供たちは、それから数か月後に強制収容所へ送られました。ベルナールはアウシュヴィッツで亡くなりました。この時に移送された子供たちのなかで帰還できたのは、ジュディスを含めてたった六人です。私はベルナールを守ってやれなかった。いまでも、そのことに責任を感じています！

(2) 一九四一年一一月二九日に、ヴィシー政府の法令によって創設された。この組織の目標は、フランスに存在していたユダヤ人組織の一本化を図り、ナチスによる「ユダヤ人政策」を促進することにあった。しかしフランス・ユダヤ人総連合は、占領地域と自由地域においてユダヤ人を支援するための福祉活動に従事し、前述した「ユダヤ・ボーイスカウト組織」や、「児童救済事業」(L'Œuvre de secours aux enfants) などこの組織の傘下団体は、子供たちの救済や偽造文書の作成などの抵抗運動を展開した。その一方で、フランス・ユダヤ人総連合の役職者の多くは対独協力を選択し、ドイツ軍の統制に従ってドランシー収容所を管理したほか、「ヴェル・ディヴの一斉検束」が企てられていた時も、ユダヤ人の救済には消極的だったと言われている。この組織は「ユダヤ人のゲシュタポ」として批判されることもあるが、ドイツ軍に隠れて広範囲の社会福祉事業や抵抗活動を行っていたことも事実である。積極的な対独協力団体でも、抵抗組織でもなかったこの組織の客観的な評価が待たれる〔訳注〕。

就労施設では、私が一番の若年者でした。私は家具作りを習いましたが、とくに「生き延びる」ことと、皿の中身を取られないように闘うことを学びました。

これから一斉検束が行われるぞ。ある日、抵抗運動《レジスタンス》の組織が施設の所長に告知しました。所長は何も言わなかったのに、ある教官が私たちに警告してくれました。日中は就労施設から立ち去れと。でも、どこに行けばいいんだろう?

ある仲間と一緒に、私はユダヤ人たちが働いていた他の施設まで徒歩で向かいました。その後、私たちはもとの就労施設に戻りました。一斉検束はその日には行われませんでした。

ある朝、私は手紙を受け取りました。「ロベール君へ。私はきみの両親の友人です。名前を伝えても、君にはわからないでしょう。渡したい物があります。待ち合わせをしたい場所は……」

私はそこへ行くことにしました。そして待ちました。手紙を書いてくれたのは、施設で働いている医師であることがわかりました。この医師は、抵抗運動の組織が作成した目録のなかに、私の名前がほかの人たちの名前と一緒に書かれていた、と説明してくれました。施設の所長は何もしようとしてくれなかったのに、医師たちは私たちを救おうとしてくれました(彼らは、他の抵抗運動の組織と同じ策略を使っていました)。一斉検束は、その日の晩に行われます。医師は、私のために偽の身分証明書をすぐにでも手に入れるつもりでした。私はこの医師を信頼しました……。私はこのM医師の組織に救われた、最後のユダヤ人の青少年のひとりです。

私は名前を変えました。もう星のマークをつけていなかったから、気が休まりました。私はフランソワと名乗りました。

ル・ランシーにいた時、小学校教師だった女の人の家に住んでいました。彼女はとてもいい人でした。彼女は、私が与えられないようなものを求めたことはありませんでした！　中等教育を受けているあいだ、私はずっと彼女の家で暮らすつもりでした。その後、バカロレアに合格すると、学生寮で生活することになりました。私は遺児として、国の扶養を受けていたからです。

私は医学の勉強を始めました。ＰＣＢ準備級に登録していた時、大声で楽しくわめき散らしていた学生も登録していました。実習があった時に、その学生と隣の席で再会しました。それから数か月後、彼は一緒に住もうと私に勧めてくれたのです。彼の家は大学のそばにあります。そちらの方が学生寮に住むよりも便利でした。大学には、早く着けますから。

この学生のお母さんが、私を出迎えてくれました。彼が帰ってくるのを待ちながら、私たちは話しました。彼女のまなざしはとても穏やかでした。あなたの家族は、どこにいるの？　私はそう訊かれると、彼のお母さんを信頼して少しだけ言いました。一九四三年にＰにいたかもしれない。わたしたちもそこにいましたよ、と彼女が答えました。

信じられないでしょうが、本当の話です。私はあのケーキをくれた女性と再会したのです。私が知り合ったやかましい学生は、彼女と手をつないでいたあの小さな男の子だったのです。

彼女の息子が戻ってくると、次に彼のお父さんも帰宅しました。この出会いに、みなが心打たれました。

私は、この家の二番目の息子にどうしてもなりたいと思いました。ですから、結婚するまでこの家で暮らしました。私はまさに二人目の子供になりました。

私の家族について話しましょう。奇妙な話があります。バカロレアに受かった時のことです。どんなプレゼントをもらったら嬉しいの、とル・ランシーで一緒に住んでいた小学校教師の女の人が訊いてくれました。「自分の家まで旅行がしたい。それもたったひとりで」と私は答えました。

戦争が終わってから、しばらく時間が経っていました。不安な旅でした。そこに行くのは止めろ、とみんなに言われました。でも、私はそこに行かなければならなかったのです。私は家族たちが住んでいた家と、両親の親友たちの家も見つけました。新しく書き直された彼らの名前が、扉の上に掲げられています。呼び鈴を鳴らしてみました……。出た人は、誰もいません。時間はまだ日曜日のお昼過ぎでした。

両親の親友たちが帰ってくるのを待ちながら、私は散歩しました。家の扉に書かれていた名前をすべて見ました。きっとほかの両親の友人たちとも再会できるのではないか？　だから私は、両親の友人たちの名前に目を通してみました。突然、かなり変わった綴り字をしている、私の家族の苗字を見かけました。まちがいなく、父が書いた文字でした（その文字は手書きされていました）。私の気がおかしくなりました。私は呼び鈴を鳴らしました……。誰も出ません。それから五分後には、私私は言いようもなく激しい怒りに襲われました。耐えがたい怒りが沸いてきました。両親はもう帰ってきているのだ。彼らは私をのけ者にして暮らしている。おまけに私を探さなかった。こんなのはありえない話だ……。いや、彼らは収容所送りを免れたのと同じように、愚かな振る舞いをしているのだ……。狂気じみた怒りが私にこみ上げてきました。私は思っていることを両親に言ってやるつもりだった。私は一九四五年から、ずっとふたりを探していた。それなのに彼らは醜い！　もう息が詰まりました。

我知らず異様な心理状態に陥ったまま、私は友人たちの家の前に立っていました。もう一度、呼び鈴を鳴らしてみました。彼らは在宅していました。私は友人たちに挨拶をすると、こう訊ねました。

「僕の両親はいつ帰ってきたんだ？　どうして、僕を見つけなかったんだ？」

彼らは私を眺めました。まるで狂人でも見つめるかのように。

「おまえの両親と、ほかのきょうだいたちも、強制収容所に送られて亡くなったぞ……。おまえもとっくに死んだと思っていたよ！」

「いや、みんなは何もわかっていないんじゃないか？　僕の両親は生きているし、この近くにできた新しい地区に住んでいるよ！……」

それから、彼らは私を座らせました。まるで子供をあやすかのように、彼らは私に話しました。私はつい先ほど見てきたものを話しました。

「それは本当だ」。彼らが言いました。「おまえの家族の名前があるのは本当だ。でも、その人は弁護士だ。おまえと同じ苗字をつけているのを、俺たちも知っている。だが、彼はアルザスの人だ。ユダヤ人ではない……」

私は突然、その場を離れました。シナゴーグに直行しました。両親の名前と私の弟たちと妹……、そして私の名前が記念のプレートに記されているのを見ました。この街で強制収容所に移送された人たちの名前もそこに刻まれていました。これよりも異常なものは他にありえない、と言わなければなりません。そうだとしても、私は生きていけるのでしょうか？

私には、生きるとはどんなことなのか、もうわからなくなってしまいました。私は過去に生きています。とくに心が痛むのは、子供たちがすごくかっこいいよと言いながら、親たちを褒めている声を聞くことです。つらくなります。私はそんなことを言って、両親を励ましたことはついになかったから。

私は両親を恨んでいます。わかりますか？　ええ、私のために生命を犠牲にした死者たちを恨んでいます。もう生きていくことはできません！

彼らは生き延びるために、何もしなかった。何もしなかった！　何もしなかった！

ロベールは両手で頭をつかんで、顔を隠した。

私の両親は、まるで羊か何かのように屠殺場に行った！　ふたりは家族でたったひとり、私だけを置き去りにした。だから私は、なんとしても生き続けなければならないんだ。

ええ、私はある人の姿を見かけて、父を思い出したことがあります。思わず、その人の背中を追いかけたり、走り出したりもしてしまいました。つい最近の出来事です。

私は母の写真を持っていません。彼女の表情も忘れてしまいました。でも、父の写真を一枚だけ持っています。

私は二度ばかり、妻と娘たちを連れて、ドルドーニュを訪ねました。ええ、「罪人はいつも自分が罪を犯した場所に戻ってくる」ものでしょう？

――罪人ですか？

――ええ。私は罪人だと言いました。おかしなことだね……。結局、両親は死んだのに、私は生きているから。

私はどうしても、家族と一緒に暮らしていた農場を買い戻したかったのに、その土地の所有者から反対されました。

ドルドーニュからパリに戻ってくると、奇妙な夢を見ました。でもこの夢は、悪夢のような時期にけりをつけてくれました。私は農場の前を歩いていると。そこに五つの穴を見つけました（この穴の形はそれぞれ、私が旅行中に見た給水塔とそっくりな形をしています。最近になって掘られた穴でした）。そのうちふたつの丸い穴は大きくて、あとの三つは小さな穴でした。ついに私は、家族たちが埋葬されている場所を発見しました……。ひょっとすると彼らは、一家がとても幸せに暮らしていたこの農場で眠っているのです！

私の長女は学生ですが、定住するためにイスラエルに出発しました！　私が実現できなかったことをしなければならない、と娘は言いました……。これで振り出しに戻った。ロベールはこうも言い足した。希望の光が伝えられた……。

ロベールは突然、うんざりした様子になった。父は私の娘を誇りにしたでしょう。でも娘には、私と同じように神を信じてほしくないのです。それでも、自分のユダヤ性をしっかり引き受けられるようになってもらいたい！　もし、娘がユダヤ人でない男と結婚したら、私はどんな反応をするのでしょう……嫌になりますよ。きっと気分がすっかり悪くなります……。けれども……、反対しないでしょう。

しばらく沈黙を置いた後に、ロベールはにっこりと笑いながら言い足した。娘はそんなことをしないよ！

ええ、数多くの幸運に恵まれたおかげで、私は難局を切り抜けられました。それでも、ずっと腕組みしたままでいたくありません……。

何もかも、とんでもない悪夢だ！　この話をあなたに言ったことがありましたか？　両親がアウシュヴィッツに移送されている時に、母は一通の葉書を列車から落としてくれました〔一三九頁傍

注（1）を参照）。この葉書は、私のもとに届きました。私が病気にかかって、司祭たちの家にいた時のことです。そこにはわずかな言葉が書かれていました。「ブーベレ（愛するという意味を持つイディッシュ語の言葉）。気をつけてね。私たちはアウシュヴィッツに出発します。あなたを愛しているわ。ママ」

母はもう私が送り損ねた小包のことは、何も言わなかった……。

母にこの言葉を掛けてもらえてよかった。そうでなければ、私は生き延びるために闘えなかったでしょう……。

# 解説

## ブルーノ・ベッテルハイム(1)

耐えられないことを耐えるように強いられた、子供たちの恐ろしい沈黙！　彼らは、無言の苦しみに襲われた。なぜなら、彼らは心の傷とけっして拭うことができない不安、それに残酷すぎるゆえにあらゆる表現を拒絶する悲しみを、力の限り魂の底にまで沈めなければならなかったからだ。それは破壊的な事件が襲い掛かってきた時や、この事件が起こった直後の瞬間だけではない。子供たちは最も鮮烈に心に触れたことを言葉に込め、最も深く感じたことに心を開くのが困難だと言わ

(1) ブルーノ・ベッテルハイム（一九〇三～九〇）　心理学者。オーストリア、ウィーンに生まれる。哲学を学んだ後に、ウィーン大学で精神分析研究を専攻したが、すべて独学であったとも言われている。三八年からダッハウとブーヘンヴァルトの強制収容所に送られる。収容所から釈放された翌年から国外亡命を繰り返し、四四年にアメリカに移住。シカゴ大学の教授を務め、自閉症児の治療と教育で功績を挙げる。著書に『自閉症――うつろな砦』（黒丸正四郎訳、みすず書房、一九七三年）、『鍛えられた心――強制収容所における心理と行動』（丸山修吉訳、法政大学出版局、一九七五年）、『フロイトのウィーン』（森泉弘次訳、みすず書房、一九九二年）などがある〔訳注〕。

れている幼年期はおろか、長年にわたって黙り続けている。傷は苦しみであふれ、体の至るところに刻まれており、全身にまで広がっている。たとえ一生を掛けても、子供たちは、苦しみを語り尽くせないだろう。傷に悩み続ける人たちにとって、人生は過ぎ去っていない。苦悩はそれが不意に現れた日から何も変わらずに存在し、同じ実在感を持ち続けている。

この本のなかで、胸中を語った者たちが幼年期に押しつけられたものは、彼らの存在そのものを荒廃させ、崩壊させた。だから彼らは、一番に親しい人たちにも、それが語れないのである。「妻にも、とくにもちろん母にも、私は話したことはないんです」とポールが言っているように。もし彼らが何も語れず、話したいことが何もなければ、そこにはある事情が存在しているはずだ。彼らは過去に起きた事件を思うと、あまりにつらくなるから、それを考えないようにしているわけではない。彼らには、過去を思い出す必要はない。なぜなら、あの事件をけっして忘れていないからである。彼らは過去に起こった事件を抱えながら生きており、生涯にわたってそれに取りつかれている。ある者たちは、悔恨を免れるために過去を忘れようとした。だが周囲の人たちは、何を彼らが経験したのかよくわかっており、すでに彼らの秘密は知れ渡っているのである。

クロディーヌ・ヴェグと対談した者たちは、ほんのわずかなことしか話す気になれなかった。なぜなら彼らは、自分たちの身に起こったことを伝えるために、ふさわしい言葉がないと確信しているからである。対談者たちは、幼年期に何が起こり、いかに彼らの人生が破壊されたのかについて口にすることを、次の理由から深く嫌悪した。もし対談者たちは、胸のうちを明かしたら、話を聞いている人たちは、彼らが自身を受け入れて、身の上に起こった出来事と和解してほしいと願っていることに気がついているが、彼らには、そんなことは不可能だとわかっているのである。また他に彼らと話す人たちは、犠牲者の話を聞いている時には、その人が抱いている激しい苦痛を理解していると信じているだろう。しかし犠牲者は、話を聞いている人たちは自分たちが被った苦痛の本質をまったく知らないまま、過去の出来事を理解しているのかもしれないということに気がついているのである。過去を人に語って、何かいいことでもあるのか？　これこそ対談者たちが、クロディーヌ・ヴェグのような人にしか心が開けなかった理由である。とにかく彼女は、彼らと同じ道を通ってきた。だからこそ対談者たちは、クロディーヌに理解されることを予想した。しかし、そんな彼女に対してでも、彼らは対談を始めると、深いためらいを抱きながらでしか話すことができなかった。

彼らに残された自己喪失の感情は、あまりにも耐えがたいものだった。そのせいで彼らは、自分の感情をのみ込むように脅かされ、悲しみによって浸されぬように築いた心の壁をも破壊されそうになったのだ。彼らはこの心の壁を、まさに荒廃を耐え抜いた後に人生を作り上げるという難しい務めを企てるために、築き上げなければならなかった。成果を収めるには、執拗に作業をこなさなければならなかったのに、どんなにうまくいっても、おぼつかない成果しか得られなかった。彼らは、生き延びるために心の壁を築くしかなかったが、脅迫にさらされた、この努力の成果を見まいとした。どうにかして人生を築き上げられるようにするために、彼らは自力ではほとんど到達できない、深い内面に存在している秘密の場所にまで、感情を隠さなければならなかったのだった。

生き続け、学校でよく勉強し、試験に合格し、職業を選択すること。その後に結婚し、子供を持ち、家族を養っていくこと。これらを果たすために、彼らは人生がいかに困難で虚しいのかという、すでに熟知している感情を徹底的に抑圧しなければならなかった。コレットはユダヤ人であることには、いったいどんな意味があるのかと問いながら、虚しさから逃れようとした。それに彼女は非ユダヤ人の夫を持ち、宗教とは無関係に四人の子供たちを育てたが、この虚しさをよく理解している。「わたしは人生をとおして、ずっと闘い続けている気がします。いまでもわたしには、この闘いの意味がわかりません。わたしのまわりには、大きな空白が空いているみたいなの。どんなに骨を折っても、わたしはこの空白を埋めることができません」。そして、コレットは「生きて行くことは、とても難しい。ええ、それは本当に難しいことなんです」と言い足している。

クロディーヌ・ヴェグと対談した人たちはみな、彼女に過去を話したら、あまりにも耐えがたい感情を目覚めさせられることがわかっていた。だから、彼らは対談を恐れていたのだ。ソーニャは「あなたに言おうとしていることを考えていたら、わたしはすぐに怖くなってしまったわ」と説明し、彼女は自分が抱いている心の虚しさを「わたしの幼年時代はからっぽです。わたしをすっかり不安にさせるほど、それはからっぽなの」と恐れている。ポレットは最初に「ええ、あなたと対談をしてみることにしました。でも、怖いわ……。わたしはほんとうに恐れているの」と語っている。

事件が起こってから、ほぼ三五年も過ぎているのに、彼らはこんなことしか思い出せないのだ。

彼らは、普通の生活を営み、大人になり、出世を果たし、家庭を築き、子供を育てているから、もう古傷は癒やされたに違いない。いや、それは古傷ですらなく、完治しただろう。だが、現実は反対だった。古傷はけっして癒やされていなかった。その傷に触れられると、血はいっそうおびただしく流れ始めた。見掛けとは裏腹に、かつての犠牲者たちが普通の生活を送ることは、不可能だったのだ。

だからこそクロディーヌ・ヴェグは、深い感動を誘う彼女自身の物語と、彼女が出席したある儀式に触れながら、不幸な友人たちとの痛ましい交際から語り始めているのである。その儀式とは、普通の状況ならば大きな喜びの機会となる、彼女の娘の友人が行ったバル・ミツバである。ともかく宗教的な意味において、子供が成年に達した日に開かれるこのお祝いの席では、子供の成人を心待ちにしていた母親は、誇りと喜びを味わうものだ。ところが、あるひとりの母親は、そんなこともお構いなしに、顔を手で覆いながら、自分のなかに閉じこもった。儀式が最高潮に達すると、彼女は泣き出してしまった。バル・ミツバに出席していたもうひとりの母親は、晴れの舞台で示された彼女の悲痛に心を乱された。そこで彼女は、泣いている母親に注意を促した。だがその母親の姿は、一年前にクロディーヌの息子がバル・ミツバをまさにこのシナゴーグで行った時に抱いていた感情を、彼女に思い出させた。その時、クロディーヌも苦しみに激しく苛まれていたのだった。

幼年時代に、激しく心を引き裂かれたことを経験した者たちにとって、幸福な瞬間は異なった意味を帯びている。クロディーヌは、この事実を鋭く意識するようになった。彼らにとって人生の重要な時は、普通の人たちとはかなり違った次元を帯びてしまう。苦しみを耐え抜いた過去を持っているがゆえに、彼らは不安により深く襲われるようになった。なぜならこの不安は、彼らが幼年期に受けた恐ろしい心傷と結びつき、その当時の記憶を蘇生させるようになったからである。だからこそ、彼らが抱いている不安は、幼年期に破壊的な方法で自己喪失を被らなかった者たちよりも、荒廃的な側面を遥かに強く帯びているのだ。

　普通の状況では、幸せに経験されるどのような出来事も、彼らには、幼年期に受けた取り返しのつかない喪失感をより苦々しく思い出させるだけなのだ。月並みな意味での幸福は、彼らから逃げ去ってしまった。他の人たちにとって、幸せな出来事になることも、彼らには、あらゆる幸福が奪い去られた幼年期の記憶を蘇らせ、彼らが失ったものをより残酷に思い出させるだけなのだ。「幸せになることに、いったいどんな意味があるのか、僕にはわからなかった。本当にその意味がわからなかった……」とシャルルが話しているように。ラザールは、もっとはっきりと語っている。「喜ばしい時間を過ごすのは、やりきれないことだよ」。どんなにおとなしい振りをしても、ルイーズには無駄だった。実際に、彼女は自分が「とめどなく怒りと涙のあいだで揺れ続けている」ことを知っているからである。

　幼少時代に被った特異な悲劇が、いかに生活感情を変えてしまったのかを理解するには、二〇年以上もの間隔が必要になるだろう。『記憶がよみがえる時』という著作のなかで、ソール・フリードレンダー[2]はこのように記している。「私は三〇代になって、ようやく過去がどれほど私の物の見方に影響を与えているのか、いかに自分から取り払うことができない特殊なプリズムを通して、本質的なことが私に現れているのかがわかった」。クロディーヌ・ヴェグは、この異なったプリズムを通してバル・ミツバが繰り広げられているのを眺め、この宗教儀式が、普通に認められているそれとは似ても似つかないという感情に目覚めさせられたことに気がつくと、確信を得た。クロディーヌはある研究に、その時から六か月前より着手していたが、精神科医になるために提出しなければならない、通常の論文の形式を断念した。クロディーヌは重要な別種類の調査を試みることで、彼女の眼に現れる世界を映していた特殊なプリズムの性質を明らかにしようと決意した。

どうして、クロディーヌはこの論文のために、最初に予定していた研究を捨てることになったのか。その理由はわからない。しかし彼女の決断は、精神科医になる準備をしている者には、おのずと理解できる。人生に行き詰まっている人たちを助けるには、何が彼らをそのようにしてしまった

（2）ソール・フリードレンダー（一九三二〜）　プラハ出身の歴史学者、ナチズムとホロコースト研究に従事する。第二次世界大戦中には、ナチスの迫害を逃れて、プラハからフランスに移住したが、その間に両親は逮捕され、アウシュヴィッツで収容死を遂げた。四八年からイスラエルに移住、五三年にパリに戻り、ジュネーヴの国際高等研究所で博士号を取得した。その後、テル・アヴィブ大学、カルフォルニア大学ロサンジェルス校UCLAで教授を務める。著書に『ナチの反ユダヤ主義』、『記憶がよみがえる時』、『ナチズムの美学――キッチュと死についての考察』（田中正人訳、ちくま学芸文庫、二〇二三年）などがある〔訳注〕。

のかを知らなければならないし、しかもその人たちの物の見方は、これから治療を施そうとしている人たちと異なる側面を持っているということも意識されなければならない。これはある人の生活史が、どのようにしてその人の物の見方を決定したのかを探求するための適切な方法となる。しかし、このクロディーヌ・ヴェグの研究は、精神科医になるために必要な研究よりも豊かな側面をより多く含んでいるのである。

現代の巨大な悲劇と、その悲劇が被害者たちに永続的に残した影響の探求が、これらの対談にさらに包括的で高次な重要性を与えている。そこから、彼女と同じ苦しみを持っている者たちが、どのようにして、ようやく人生を送れるようになったのかを検討する必要性が生まれた。またクロディーヌ・ヴェグも、彼女自身の重荷を下ろしたかったのかもしれない。彼女と同じ状況に置かれている人たちにそれができれば、彼女もついに重荷が下ろせるだろう、と漠然と感じていたのかもしれない。クロディーヌはこの大切な著作のなかで、まさにそれを行った。

われわれは、この最も困難で苦痛に満ちた作業を試みてくれたクロディーヌの勇気に感謝しなければならない。なぜなら彼女の報告は、心安らかに生きたいと願っているならば、われわれに認知され、理解され、とくに同情を寄せて受けとめられるべき苦難に、展望を開いているからである。多少なりとも一斉検束や強制収容所への移送、強制収容所や絶滅収容所という世界を切り抜けて来たわれわれはみな、あの当時、これらが行われた場所からどれほど離れていたとしても、子供たちの身に起こった出来事に同情を寄せていた。そして、この事件の影響は、いまもわれわれが生きている世界に痕跡を残し続けていると思われる。

当時子供だった被害者たちは、なぜ自分たちの身に起こったことが話せないのだろう？ 二〇年から三〇年にもわたる歳月が経っているのに、どうして彼らには、幼少期に起こった出来事を話すことが、なおも困難なのだろう？ どうして、これらの出来事を話すことは重要なのだろう？ 私はそこにはふたつの問題が、緊密に絡み合っていると信じている。話すことができないのは、鎮められないものが存在しているからだ。もし、それが鎮められないなら、傷は世代から世代にかけて潰瘍化し続けているからだろう。ちょうどラファエルが「強制収容所への移送という事実は、私たちの第三世代にまで刻まれるでしょう。これは大勢の人たちに知られなければいけないよ。本当におぞましいことだから……」と言っているように。

次世代にまで刻まれ続けているこの恐怖に少しでも疑いがあるならば、アメリカで近ごろ刊行された一冊の本[3]がそれを解決してくれる。ヘレン・エプスタイン[4]の両親は、ふたりともドイツにあった絶滅収容所の生存者だった。彼女は合衆国で誕生し、この国で育ったにもかかわらず、両親の運命と、彼らがこの運命を黙秘していることは、ヘレンの人生にも刻まれ、それを傷つけた。本書で

（3）Helen Epstein, *Children of Holocaust*, New York, G. P. Putman's Sons, 1979.（ヘレン・エプスタイン『ホロコーストの子供たち』ニューヨーク、G・P・プットマンズ・サンズ、一九七九年）〔原注〕。

クロディーヌ・ヴェグと対談した者たちと違って、ヘレン・エプスタインはけっして家から引き離されたことはなかったし、暴力によって彼女の両親と別れさせられたことも、生命が救われるために、他人のもとにかくまわれる必要もけっしてなかった。彼女の両親は、安全が保障された方法で子供たちを育てるために、特別な努力を払った。ニューヨークで、彼らの身の安全はしっかり守られていた。ところが、絶滅収容所の生存者の子供であるヘレン・エプスタインは、やはり両親が経験した過去の重さと、彼らがその過去に苦しみ続けていることに打ちひしがれていた。大人になってからヘレンは、自分の状況が特殊なのか、彼女の両親と同じ経験をした親たちから生まれた子供たちも、彼女と同じ思いをしているのかを知りたくなった。彼女は、ついに自分と近い経験を持つ人たちと出会って話をした。彼らもヘレンと同じように、比較的安全な環境で育てられた。だが、ヘレンは経緯が違っていても、彼らも両親たちが受けた過去の苦難によって、傷ついていることに気がついた。彼らは両親が被った苦難と、それが彼らに残した痕跡を話すことができないのを見て、苦しんでいたのだった。

ヘレン・エプスタインはあるイメージを用いながら、この無言の苦しみがもたらしている深刻な影響を描写している。彼女は自分自身を深く埋めて、ずっと持ち歩き続けている鉄の箱を作り出さなければならなかった。だが、この箱は彼女の人生を苦しめた。「何年もの間、何かが、私の心の奥底ずっと深く埋まっている鉄の箱の中に横たわっていたけれど、いったいそれが何なのか、私には全然わからなかった。何かぬるぬるとつかまえようもなく、すぐ火がついてめらめらと燃え出してしまいそうなもの、性の秘密よりも謎に満ち、どんな幻影や幽霊よりも危険なものを心の中に持ち歩いていることは、知っていた。幽霊なら姿と名前があろう。だが、私の鉄の箱の中に横たわるものには、そのどちらもなかった。私の内に巣食っていたものが何であったにしろ、それはあまりにも強烈で、言い表そうとすれば、言葉はもろくも崩れさった(5)」

手が届かなくなったところにある自己の奥底まで、事物を埋めろと強制しているのは、息苦しくさせているものを名づけ、描写する能力の不足ではないのか？　そして、自己の深部にまで埋めた事物は、遥か遠くにありながらも、それ自体で実在感を持ち始め、人生を蝕み、自己実現をしたり、楽しく生きたりすることや、それに生きる権利までも蝕んでしまったのではないのか？　ジャンはこのように思っている。「どうして、僕は人生が楽しめないんだろう」。彼が知ることを恐れて、「鉄の箱」に鍵を掛けてしまい込んだものは、暴力の感情だった。「ええ、僕は心のうちに感じている暴力を恐れています。まるで人生に逆らっているようです。奇妙ですが、僕には生きる資格がな

（4）ヘレン・エプスタイン（一九四七〜）　プラハ出身の作家、ジャーナリスト、一九四八年からベルゲン・ベルゼン強制収容所から帰還した両親とニューヨークへ移住。七九年に両親のホロコースト経験を振り返った『ホロコーストの子供たち』を発表した。他に『私はどこから来たのか——母と娘のユダヤ物語』（森丘道訳、河出書房新社、二〇〇〇年）、『普段着の巨匠たち』（犬飼みずほ訳、ＪＩＣＣ出版局、一九九一年）などの著作がある〔訳注〕。
（5）ヘレン・エプスタイン『ホロコーストの子供たち』マクミラン和世訳、朝日新聞社、一九八四年、三頁〔訳注〕。

いと感じています」。もし、自己の深部に埋めたものをこじ開けて、生きる権利がないことに気がつくことを恐れているならば、直視できないこの事実をあえて見ようとしないのは、無理もないことである。

フリードレンダーはこのように記している。「私を過去に連れ戻してくれる道筋を見つけるのに、多くの時間が、まさに多くの時間を必要とした。私は、あれら事件の記憶そのものを追い払うことができなかった。私はそれを語り、描写しようとペンを執ろうとした途端、すぐに奇妙な麻痺状態に襲われた(6)」

このような麻痺状態の原因は、いったい何だろう？　クロディーヌ・ヴェグと対談した者たちは、なぜ彼らに自己喪失と親との死別を語ってほしいと言った彼女の気持ちが理解できなかったのだろう？　どうして彼らは、両親を失うとただちに沈黙の壁を育てたのか？　幼いクロディーヌの場合、それらを語ることへの嫌悪感は「早く行って、早く行ってよ。わたしはここに残るから」という、彼女が両親に掛けた最初の言葉に現れている。クロディーヌがこのように言った動機は、両親の身の安全について彼女が感じた不安のごくわずかな部分でしかなかったと私は思っている。この幼い少女が、両親と二度と会えなくなることを恐れていたら、彼女は里親と一緒に残ることをすぐに決められなかっただろう。もし彼女が、実の両親を永遠に失ってしまうと思っていたなら、なんとしてでも、彼らと一緒にいたかったと主張しただろう。クロディーヌは、彼女を苦しめることになる両親との離別の時を、なるべく縮めようとするために、彼らに出発を急がせた。クロディーヌが感傷に身をゆだねて、両親にさよならを言う時間があったら、彼女は両親と別れられなかっただろう。子供たちは、考えたり、感じたりする時間を自分に許さず、これはその場限りのお別れだと自分に言い聞かせることで、両親と別れられたのである。

クロディーヌは、生還した彼女の母親と再会する機会に恵まれた。だが、彼女は父親が亡くなったことを教わると、本当にすばやく「こんな話、もうやめようよ」と言って反応した。彼女が突き詰めた決断とは、「二〇年以上も、わたしは『パパ』とも、『お父さん』という言葉も二度と口にできなかった。わたしは、この幼年期の部分に少しでも触れられることにけっして耐えられなかった」というものだ。

他の子供たちのうちで、このような態度を取ったのは、何もクロディーヌひとりではない。反対にこの態度は、両親を失った子供たちが示した一般的な反応である。クロディーヌはこのように語っている。「子供たちが両親や家族、そして過去も家も……けっして話さない。これは奇妙な子供たちの世界だった……。過去をけっして『話さない』。これが居留地の決まりのひとつだった。この決まりを強制した人は、誰もいなかった！　ひとりの子供の悲しみや苦しみと涙は、居留地にいる子供たち全員と、またわたしによって認められないものとして経験された」。どうして、これほどまでに感情は抑圧されてしまったのか？　極度の重要性を持ち、計り知れぬ影響を及ぼしている

（6）一九七七年九月一七日〔原注〕。

明確な事実は、どうして否定されてしまったのだろうか?

やはり別の時代でも、天変地異が生じると、子供たちは両親を失った。それは大昔ならば、飢餓や戦争の時期に頻発したが、現在でも地震や洪水が起これば現れる。こうした状況下で、両親の死と直面した子供たちはひどく苦しむものだ。だが彼らは、自分たちが被った出来事を何も伝えられないとは、少しも感じることはない。彼らは自分の両親について口にすることができるし、両親が亡くなったからとても寂しい、と言うこともできる。つまり、子供たちは深い悲しみに身をゆだねているから、両親を悼むことができるのである。両親の死を素直に悲しむことによって、彼らは次第に自身の運命と和解できるようになり、両親が死んだせいで、生きる権利を奪われたと感じなくなるのである。

クロディーヌ・ヴェグが語っている対談者たちの特殊な悲劇とは、子供たちが両親の死を悼めなくなるという運命である。だからこそ子供たちの古傷は、けっして癒えないのだ。

もちろん両親と別れた当初には、両親の死を悼む理由は何ひとつなく、彼らが戻ってくるという希望もあった。彼らは、希望を持つことにできるだけ長く執着していた。「わたしたちは、両親について何も質問しなかったし、どうして学校を変えるために、わたしたちをここに来させたのかも、訊かなかったと思います」とソーニャは語っている。その時、子供たちは真実を聞くことをはっきりと恐れていただろう。希望にしがみつくために、彼らは何も質問をせず、この話題について何も話さないようにした。ソーニャはこうも言っている。「わたしは、たとえ兄とのあいだでも、両親のことを二度と口にしなくなりました」。彼女は、自分と兄が何よりも優先して考えていることを、けっして口にできない理由を理解している。「両親について、わたしと兄はもう二度と口にしなくなりました。でも、ずっと待ち続けていたし、希望を持っていたわ」。両親の死を言葉にしなければ、この事実は真実にはならなかった。希望を捨てるなんて、もってのほかだった。ほかの子供たちと同じように、クロディーヌもほぼ二〇年にもわたって、彼女の父について話すことができず、父について少しでも触れられることを許さなかった。それは彼女が自分自身を守り、生き続けられなくなってしまうほどの耐えがたい感情に圧倒されることを回避するために、彼女が行使した方法のごくわずかな部分だった。クロディーヌの下意識にも他の子供たちと同じように、もっと根深く強力な要因が隠れていたと私は信じている。それは両親が永遠に旅立ったのではなく、奇跡によって戻ってくるという確信である。アンドレは、父について話さないようにすることと、自分の心のなかで父親を生きたまま思い続けることについて、下意識的な関係を明らかにしている。「父について誰彼なく話したことは一度もありません。父は私のなかで生きています。それだけです」。ロベールも同じ理由で、長い年月が過ぎた後に、両親が戻ってくると信じていた。しかし、「私には、生きるとはどんなことなのか、もうわからなくなってしまいました」と言った時、ロベールは現在に生きることとは、いったい何であるのかわからなくなった事実を明かしている。なぜなら、ロベールは、「私は過去に生きています」と語っているからだ。つまり、ロベールの現実の人生は、彼の両親が生きていた過去のなかに存在しているのである。

たとえ普通の状況下でも、行方がわからなくなった近親者と再会する希望がおぼつかなくなれば、希望を打ち消して、その人が死んだことを認めるのは難しい。親族の死を証明する反論の余地のない物的証拠が発見されない限り、親族を愛している人は希望を失ったと思わず、死の知らせが本当であるとは認めないものだ。いや、そんなことは起こらなかった、それは作り話だ、と信じたくなる欲求が強ければ強いほど、われわれはこの恐ろしい知らせを受け取る前に、もっと実証的で確実な証拠を要求する。普通の状況ならば、物事はこのように進んでいくだろう。しかし、クロディーヌ・ヴェグは「『普通に言われている』ことと、ここで扱われているテーマのあいだには、少しでも共通点があるのか?」と念を押している。

被害者の子供が両親の死を認めることも、両親の死という観念とつねに和解することもできず、それに彼らがまるで昨日のことのように、過去に起こった出来事に悩まされ続けているならば、これらの原因はすべて、希望を捨てられないという事実だけに起因しているわけではない。

死別を経験した後に、人生と向き合えるようになるためには、まず失った人を悼まなければならない。親との死別を経験し喪に服すことは、人の心を埋沈させる、精神的に複雑で困難な任務である。服喪を務めるには、しばらくの間、悲しみに身をゆだねることに没頭し、あらゆる力量と活力を注ぎ込むことが要求される。服喪を果たすのに少なくとも数日間は、全精力を捧げなければならず、その後に営まれる葬儀でも、また葬儀の後においても、服喪はしばらく継続することがある。

われわれは、このような死別の悲しみを乗り越えた時だけに、服喪の務めをゆっくりと果たせるようになるし、また死別の苦しみに抗して、一歩ずつ活動的な生活に戻り、生きる目的も取り戻せるようになるのである。

　事前に覚悟があるならば、服喪の務めの難しさはいくぶん楽になるだろう。例えば、死に行く人の臨終に多少なりとも加わりながら、その人の気持ちをゆっくりと解放してあげることもできるだろう。そして、その人が死を迎えつつあるのなら、まだ生きているうちにお別れを告げて、生が他界へと移りゆく時を分かち合うこともできるだろう。それが不可能ならば、死者の身体に別れの挨拶を告げて、死者と面会し、埋葬に立ち会い、葬儀に従うことができれば、ともかく何かしらの慰めが得られるだろう。すべてこれらのことは、ある人が死んだのは、不本意な出来事であるとしても、その死は事実であり、受け入れなければならない現実であることを納得させてくれる。

　たとえある人の死を認められたとしても、他人の協力や、それにふさわしい儀式の助けもなく、服喪や日常生活への復帰に関係している心理的な要求をすべて乗り越えることは、ほとんど不可能である。通常ならば親族の一員など、われわれは親密に心を通わせている人たちから援助を受けることを、何よりも必要としている。ユダヤ人が開くシヴァの儀式や、(7) アイルランド人の通夜《ウェイク》でも親しい人たちが集まって、悲しみを分かち合うことが求められている。それに他の民族集団が催して

（7）死者を埋葬してから最初の三日間を含む、七日間の服喪期間のこと〔訳注〕。

いるどのような儀式でも、親族と友人たちは、遺族のまわりに集まってきてくれるものだ。彼らがそばにいて、励ましてくれるなら、すべてが失われたのではなく、ともに生きて、何かを一緒に行うために大切な人が残っている、という希望を回復してくれる。いくぶん縁遠い人でも、つらい服喪の時を過ごしている遺族に気を遣い、同情を表し、素直な気持ちで葬列に加わってくれれば、われわれを助けてくれる。亡骸に敬意を表してくれることを必要としているのは、死者ではなく、生者たちである。しかし、死者への敬意が不十分である場合、われわれは服喪の務めにおいて、宗教や社会がそれを実行するために創出した儀式によって、支えられる必要がある。それだから葬儀は、太古から宗教的な儀式のなかでも、最も重要かつ繊細な要素を含んでいるのである。

喪が蔵しているものを深く掘り下げてみるつもりはない。ここでは、とくに幼い子供たちが宗教的な儀式に参加することができず、彼らの深い悲しみと物質的に結びついている両親の亡骸すら存在しない時、いかに彼らが両親を悼むことが難しいのかという側面に注意を促してみただけである。とりわけ一斉検束によって両親を失ったユダヤ人の幼い子供たちにとって、喪の悲しみに服することは、どんなに難しかったことだろう。

第一の問題は、これはすでに触れたが、両親が生還する希望が存在していた。実際に、親がひとりだけ戻ってくるという珍しいケースがあり、また極度に珍しいケースでは、両親がふたりとも戻ってきた。生きて帰ってきた人たちがいた。それなら、自分の両親もどうして帰ってこないことがあるのだろうか？

両親は、まだ生きているかもしれないというのに、彼らのことをまるで死人であるかのように語ることはできるのか？　もうふたりは死んだ、と言いたがっている人たちを退けて、いつか両親が戻ってくると信じ続けるには、両親について口をつぐむしかなかった。しかし両親のことや、現実的なのか、そうでないのかはっきりしない彼らの死を語らなかったせいで、本当に信じられるものはもう何もなくなってしまった。実際に、ある事実をめぐるわれわれの切実な感情は、周囲から認知されることを必要としている。だからこそ人は、ふたつの意味において通常の服喪のなかで故人について多くのことを語り合うのである。まずその意味とは、死者たちの記憶を鮮明に守り続けることである。しかし、そのことは同時に、ある人が永遠に旅立ってしまったという現実を、人とともに語らいながら他人に納得させる機会を提供することも意味している。もし言葉が交わされなければ、その人の死は非現実的なものとしてとどまり、彼の死を追悼できなくなるのである。

第二の問題とは、幼年期やその後においても、埋葬するべき遺骸や、墓参りのための墓石など両親の死に関する、物質的な形跡がはっきりと存在しない場合があることだ。それに伝統的な形式に則って喪に服すように指示を送り、それを準備して、大いに容易にさせるような儀式も存在しない場合もある。たとえ、葬儀の典礼が正常に進行しても、服喪の務めは、少なくともそれが果たされるまで、ある程度の長い期間にわたって、行われることになる。なぜなら死者の痕跡は、遺族が生きているあいだに消えることはないからだ。ある文化的な習慣では、外見的なしるしとして死者を悼むために一か月、あるいは一年間も喪服を着用することがある。ユダヤの慣わしでは、服喪の期間の終わりを儀礼的に認めながら、死者と葬儀の一回忌の日に墓石を作ることになっている。しかし、本書の対談者たちは、彼らの両親や兄弟、姉妹の死についてはっきりした形跡がなく、服喪を始めるべき明確な時点もなかったから、服喪の終わりが予想できる日付は、まるで存在しなかったのである。

フリードレンダーは、事件のあとに長く続いた喪の悲しみがもたらしたことと、彼と同じ境遇にいる人たちが、明確に終わりを迎えることが見込まれている服喪の期間に入る可能性を、なぜ、どのようにして奪われたかについて言及している。時のなかにはっきりとした目印が存在しなければ、服喪の終わりは見込めないはずだ。それに苦しい服喪の時間は、生涯にわたって続くことになるだろう。フリードレンダーはこのように語っている。「人々が死んだ後……、彼らの存在は生き残った人たちの記憶や、かすかな思い出や日々の会話、それから、世を去った人たちをまるで知るはずもない子供たちに見せて、彼らに説明するために戸棚から取り出したアルバムのなかに定着し、生き続ける。私たちはときどき、彼らの墓石に花を捧げる。彼らの名前はそこにあり、その名は石に刻まれている……。しかし私にとって、断絶はあまりに突然にやって来たから、これらは日常生活の一部にはならなかった」

ジャンは、彼の両親の生死を示す物質的なしるしの欠如が、どのようにして両親の死を完全に忘れさせることを不可能にし、普通の生活を送ることをできなくさせたのかについて語っている。ここで言い足してみよう。物質的な証拠の不在とは、深い悲しみに永遠に捉われることを免除してくれる、通常の服喪に従うことを妨げているのだ。「どうして、僕は人生が楽しめないんだろう。そう考えることがよくあります！　すっかり過去を忘れられるなら、他の人たちと同じように生きられたでしょう。それに僕は自分が持っているものに満足して、失ったものをあれこれと考えることはなかったでしょう。僕には、両親の写真がありません。最後に貰った手紙もありません。黙禱を捧げるべき墓石もありません。いいえ、ひとつだけ資料があります。『死亡……、一九四三年アウシュヴィッツにて』。こんなことには、とても耐えられません」

ソーニャの言葉が暗示しているものは、あらゆる希望を捨てることができないがゆえに、いつまでも失望し続けなければならないという結末である。それは、死者たちについての何かしら物質的な証拠を受け取る時まで、永久に心のなかに存在している死者たちを解き放ってくれる喪に服すことができない現実をも示している。「クラルスフェルドの本のおかげで、本当に両親が死亡したことを知りました。一九四四年四月二九日の日付があるページを見ると、わたしの両親の名前がありました。衝撃《ショック》を受けました！　三五年も過ぎてからのことです！　ついに両親の死を認めるのに、三五年も掛かってしまったの……。ええ、わたしはずっと希望を持ち続けていたのよ！」。ソーニャは、つねに希望を持ち続けていた。なぜなら、喪に服さなければ、われわれは愛する人の死を本当に信じることはできないし、その人の死を証明するものがなければ、深い喪の悲しみを感じられないからである。ただ服喪の経過《プロセス》だけが、われわれに死を受け入れさせて、希望を諦めさせてくれるのだ。だがソーニャは、両親がかなり以前に亡くなったことを「知って」も無駄だった。彼女にとっての明白な証拠とは、一九七八年に出版された本のなかで、両親が強制収容所に送られたことを伝えた、ほんの数行の文字だけだった。それだから彼女は、喪の深い悲しみに服すことができなかったのである。

服喪に儀式的な構造を与えてくれる儀礼は、存在しないかもしれない。しかし、もしそれがあれば、喪に服すことは可能になり、喪失したものを了承できるようになるかもしれない。これはあまり言及されることのない、第三の問題である。たとえ信仰心が深くないユダヤ人たちでも、亡くなった親のためにカッディーシュを唱えるが、これは最も重要な責務である。正統的な環境であればあるほど、その家の長男は「カッディーシュ」を務め、両親が死亡した後、日常的に行われる喪のなかで祈りを唱える。カッディーシュは、両親の記憶を敬う機会となるし、彼らに感謝を捧げる重要な儀式でもある。それにカッディーシュを実践していくことは、喪失感を克服するのを手助けしてくれるのである。

子供たちにとって、両親の死を悼むことを不可能にさせる要因がどんなに強力であっても、服喪が終わり、正常な生活を再開すると、これらの要因は、彼らが両親と引き離された時に陥った心理的状況と比較されると、無意味なものになってしまう。喪に服すこととは、喪失を被ったことに由来する抑うつ状態に一時的に身を置くことである。抑うつ状態に陥ることとは、生活し活動するための気力を失うことである。愛している親の死をしっかりと受け入れるには、家族や友人たちから親切に支えてもらうことが必要なのだ。

しかし第四の問題とは、子供たちは両親と離別した後、生き続けることを望む一方で、喪に服すことができず、そのせいで抑うつ状態に陥ってしまったことである。子供たちは、抑うつ状態から抜け出す方法を見つけるために、あらゆる気力を行使する必要があった。実際に子供たちは、新しい生活条件に適応するために、すぐに生き方を変えて、かつてなかったほどに精力的になり、巧妙にならなければならなかった。また子供たちは、以前とは異なる状況と新たに立ち向かい、まるで異質な環境において見ず知らずの人と生活を送れるようになる必要があった。それに子供たちのまわりには、彼らが物事を感じるために必要としたに違いない、愛情のある支援を与えてくれる者はひとりもいなかった。

クロディーヌ・ロゼンギャール（これは過去の彼女の名前である）は、一人娘のように彼女を愛してくれた里親に引き取られるという、素晴らしい幸運を得た。少なくとも表面的に、彼らはクロディーヌがかつて享受していたのと同じくらい有利な生活条件を彼女に与えた。これはかなり珍しいことである。

彼女と対談した人たちが語った数々の物語は、彼らが直面しなければならなかった想像もできない困難がどのようなものであり、生き延びてゆくために、どのような大混乱を克服しなければならなかったのかということを提示している。その当時、まだたった一〇歳だったあるユダヤ人の少年の話を紹介してみよう。この少年の両親は偶然、彼を買い物に行かせた。買い物から帰ってくると、彼は自分たちの家が警官に包囲されているのを見た。彼は何が起こったのかをおぼろげながら理解した。その時、少年の一家は山あいにある小さな村で仮住まいをしていた。彼はすぐに踵を翻して、野原に向かい、近くの森に身を隠した。少年は、そこから四〇キロ以上離れた場所に住んでいた人の住所しか持っていなかった。彼は思い切って鉄道に乗ろうとしなかった。乗車券を買う金を十分に持っていなかったからだ。彼は人通りの多い道を避けて、日中は森に隠れた。少年が歩いて移動したのは、夜間だけだった。運よくこの少年は、買い物に行った時に手に入れた食糧を少しだけ携えていた。二日間というよりも、二晩をかけて、彼は教えられた住所に着いた。だが、そこに滞在することはできなかった。

この少年は、三度もいろいろな場所に送られた。まずは農夫たちが彼をかくまった。それから精神遅滞の子供たちが入所していた施設では、たとえ知的障害がある仲間たちでも、誰もこの少年の面会に訪れず、手紙すら受け取っていないことに気がついて疑いを持つと、少年はみずから施設を逃げ去った。

少年はかろうじて生き延びることに成功し、なおも生き残った。そうするために、彼はたえず気力を精神的にも情緒的にも奮い起こさねばならなかった。おそらく家族たちが殺されるために連行された時の光景を思い出して、その感情に身をゆだねたなら、少年は生存するために必要なことを実行するだけの力をけっして持てなかっただろう。彼は生き延びるのに必要なことをするために、感情を抑圧した。だからこそ少年は、大家族のなかでただひとり生き残ったのである。

すべての、あるいはほとんどの服喪の儀礼は、親族たちと友人たちや、あるいは周囲の人たちが遺族たちを支援することを本質的な特色としている。また彼らの支援だけが、遺族を完全な再生に導くことができる、と私は何度も言っている。それに大災害で両親を失った子供たちは当然、激しい苦しみに悩まされていたが、その一方で、大災害によってもたらされた取り返しのつかない損害を必ずしも耐えているわけではなかった、とも私は言った。ここから五番目の最後の問題が導き出せる。どうして、両親たちがナチスに殺戮されながらも、生存の手段を見つけられたフランスや他のヨーロッパ地域のユダヤ人の子供たちは、大災害で両親に先立たれた子供たちと事情が異なっているのだろうか？

ある程度成熟して、賢かった子供たちは、自分たちが置かれていた状況を十分に理解していたし、この状況をとても幼い頃から、下意識によって少なからず把握していた。そして子供たちは、自分たちが被った不幸について、周囲の人たちがどう反応したのかも感じ取っていたから、それに応えられた。例えば、自然災害の被害のせいで孤児となった子供たちは、世間の人々は彼らに哀れみを覚え、彼らを救済したいと思っていたことを知っていたし、それに彼らが生き延びて、この悲運に押しつぶされないように望まれていることも知っていた。子供たちの命が救われたことを知れば、ともかく周囲の人たちは、喜んでくれるだろう。子供たちの命をじかに脅かしていた危機が過ぎ去ったら、すぐに彼らは子供たちの年齢と成熟の度合いを考慮して、それにふさわしい喪の儀式に入ることを許し、子供たちを迎えて励まそうという気持ちになった。さらに周囲の人たちは、慎ましい葬儀を営むために、両親の死体を見つけようとした。これは両親が死んだという事実を子供たちに受け入れさせ、彼らの死はもはや取り消すことができないと認めさせることや、さらには子供たちに偽りの希望を持たせずに、服喪を始めさせることにも役立った。

ナチスに占領された国々では、人々の心理的状況はまるで正反対だった。確かに、クロディーヌの里親は、彼女が生き延びることを望み、彼女の生存を保証するために、あらゆる協力を惜しまなかった。他のすべての子供たちにも、彼らを生き延びさせようとするために、援助を送ってくれた人たちがいた。そうでなければ、誰ひとり助からなかっただろう。子供たちを助けた者たちは、彼ら自身、あるいは彼らの家族も大きな危険を負った。この支援者たちの協力は、子供たちの延命を助けて、本当に彼らが救われるために、唯一の可能性をもたらした。しかし、彼らの行動は社会や生活を支配している権力や、それに子供たちの生命を守ることを義務づけられた国家が、ユダヤ人の子供たちを殺すように決めた事実をまったく変えなかった。それどころか国家は、まず子供たちから両親を奪い去り、つぎに彼らを殺した。子供たちが両親を亡くしたのは、病気や自然災害によって親を失った子供たちのように、不運な巡り合わせによるものではなかった。なぜなら彼らの両親は、殺されるように仕向けられたユダヤ人であり、それに子供たちは彼らの両親と同じ運命を担っていたからだった。

両親が病気か、何か他の原因で死亡したなら、子供たちを救うために、あらゆる理由が設けられるはずである。彼らが生き続けられるならば、もはや脅かされることはないだろう。しかし、この世界に生まれたという事実から逃れる方法は存在しないばかりか、それは避けられない運命だったのだ。たとえ幼い子供たちであっても、とにかくこのような運命を理解していた。人は自分自身が死に招かれていることを知っている時に、両親の死を悲しむことはできない。服喪の目的とは、生き続けようとするために、自己喪失から引き起こされた抑うつ状態から、少しずつ自己を解放することである。しかし、これから自分が死んでいこうとする時に、他人のために服喪を捧げる理由はない。その時、心理面において考えられるのは、自暴自棄と拒絶だけである。(8)

クロディーヌ・ヴェグは、「永続的な死の危険」というやりきれない感情を口にしているが、彼女はこの言葉を少し異なった文脈から語っている。この感情は、彼女がかくまわれていた時の記憶と、また他の子供たちもかくまわれていた時に、もし見つかってしまえば、絶滅収容所送りに遭うと思いながら恐怖にうち震えていた、と彼女が想起したことによって動機づけられている、と私は信じている。子供たちはしばらくの間かくまわれ、身の安全が保障されたとしても、自分の出自から逃れる術がないことを知っていた。それだから、クロディーヌ・ヴェグの友人は自分の出身を訊ねられると、「僕はブーヘンヴァルト人さ」と答えたのだった。

（8）私はダッハウとブーヘンヴァルトで過ごした時、これとよく似た状況に置かれていた。ある仲間が死ぬと、悲しむ者はいたが、その死を悼む者はいなかった。なぜなら、私たち自身も死にかけていたからだ。この時、服喪の一部ともなっている悲しみに身をゆだねてしまったなら、生き延びるために必要とされる決断力を集中できなくなる可能性が大いに増えたはずだ。つまりこの局面では、服喪は生き続けるための手助けにはならず、むしろ妨げとなってしまっただろう〔原注〕。

否定されるものが事実であろうと感情であろうと、人は否定することによって否定されたものから自己を疎外する。ヘレン・エプスタインが使ったイメージを用いれば、彼らはこの事実と感情を注意深く箱に入れて、永遠に鍵を掛けて閉ざした。この箱を取り除こうとしても無駄だった。この箱は人生のなかで異物として残り続けた。それは異質であるが、人生を支配しているのである。

クロディーヌ・ヴェグは、このように総括している。「ナチズムの時代を生き抜いた、わたしたちユダヤ人の子供たちは、この経験を『自分たちの外部にあるもの』として拒絶するために、あらゆる手を尽くしたのだった」。だが、これはうまくいかない。われわれは、人生で遭遇した最も深刻な現実と苦難を外部に押し返すことはできないし、また何をしても、これらからわれわれ自身を切り離すことはできない。たとえそれを試みたとしても、人生からわれわれ自身を切り離してしまうだけだ。このような現実と苦難が、人生を完全に支配していることを認めていないのに、それらはわれわれ自身にとって、最も重要な部分になっていることを受け入れなければならない。われわれが記憶を抑圧すれば、今度はその記憶がわれわれを抑圧するようになるという事実を、まさにこの本に収録されているいくつもの物語は示している。

対談に参加した人たちにとって、この本は拒絶と抑圧の努力を終わらせるのに、最も重要な手段になっている。彼らは記憶を墓に横たえて、とにかく普通の生活を送れるようにするために、殺された両親の服喪という、長く延期されていた務めを始めた。

この本で自身を語った者たちが被った恐ろしい経験や、彼らが闘い、生き延びるために必要とした高邁な勇気や、その後、彼らが担わなければならなかった重荷となった記憶よりも、私は服喪について語った。彼らが抱いた苦しみに同情を寄せながら、私は彼らの証言を真摯に讃えたい。彼らが味わったすべての苦しみの代償として、私は服喪について語った。なぜなら、彼らにとって死者を悼むことこそが、クロディーヌ・ヴェグとの対談に意義と重要性を与えていた、と私は信じているからである。

クロディーヌ・ヴェグが話しているように、彼らは自身の過去と両親の死を話しながら、ますます自分のなかに固く閉じこもっていった。そして、彼らはまなざしをそむけ、部屋から出て行き、ベッドまで行って涙を流した。彼女が語っているように、彼らとの対談は「対談者自身が漏らしたとめどない独り言」だった。しかし彼らは、同情をもって話を聞いてくれた人のおかげで、ついに大きな声で話ができるようになった。これが喪に服しているなかで、起こったことである。彼らは失くしたものについて語り、とりわけ彼ら自身について話した。彼らは重荷を分かち合い、彼らをよく理解してくれる親切な人の目の前で話した。この人こそが、彼らに勇気を与え、深く悲しみ、喪に服すための力を与えていたのである。

対談の話し手たちが、長きにわたって延期されていた服喪を本当に開始したことは、彼らが対談の翌日に、気分が良くなり安心した、とクロディーヌ・ヴェグに話していることからも理解できる。きっとわれわれもみな、ナチスによるユダヤ人大虐殺という現実から被った、恐ろしい喪失を深く悲しもうと心に決めるなら、もっと心安らかになるだろう。

# 訳者あとがき

本書はClaudine Vegh, *Je ne lui ai pas dit au revoir. Des enfants de déportés parlent,* (coll « Folio ». n° 2899, Gallimard, Paris, 1996) の全訳です。翻訳には一九九六年に刊行されたポケット版を使いましたが、本書は一九七九年にガリマール社から刊行されました。

著者のクロディーヌ・ヴェグは、児童精神医学者を務めており、現在まで『私はさよならを言わなかった』を除いて、文筆活動を行っていません。本書の「序文」を読めばわかるとおり、著者は一九四〇年から四五年の戦争中にかけて、中等学校に通っていたことから三〇年代前半の生まれだったと推測できます。この対談集は、精神医学の「学位論文」の一部として執筆されましたが、著者は対談者たちの要望を受けて、出版を決意しました。本書は刊行以来、フランスでナチスドイツ、あるいはヴィシー政府から迫害を受けた子供たちの証言集として読み継がれており、現在までに、英語とドイツ語、そしてイタリア語の三か国語に翻訳されています。

『アンネの日記』を引き合いに出すまでもなく、第二次世界大戦中に迫害を受けたユダヤ人の子供たちの証言は、フランスでもホロコーストの記録のなかで欠かせない一部となっています。セルジュ・クラルスフェルドは、三〇年もの調査を経て完成させた『フランスのショア』〔*La Shoah en France*〕の全四巻のうち、最後の一巻をすべて子供たちの記録〔『フランスにおける強制収容所に移送されたユダヤ人の子供たちの回想録』〔*Le Mémorial des enfants juifs déportés de France*, Fayard, 2001〕〕に割いています。少し思いつくだけでも、ユダヤ人戦災孤児としての生い立ちを振り返ったジョルジュ・ペレックの小説『Wあるいは子供の頃の思い出』（酒詰治男訳、人文書院、一九九五年）や、強制収容所送りにされたユダヤ人少女の足跡を、事件からほぼ五〇年後に追跡したパトリック・モディアノの『1941年。パリの尋ね人』（白井成雄訳、作品社、一九九八年）といった文学作品も挙げられます。また映画では、カトリック系の寄宿学校で起こったユダヤ人生徒の逮捕劇を描いたルイ・マル監督の自伝的作品『さよなら子供たち』（一九八八年）が知られています。そして、クラルスフェルドから「フランスのアンネ・フランク」と称されたルイーズ・ジャコブソンの書簡集（『ルイーズ・ジャコブソンと近親者たちの手紙　フレーヌ、ドランシー一九四二—一九四三年』〔*Les Lettres de Louise Jacobson et de ses proches Fresnes, Drancy 1942-1943*, Robert Laffont, 1997〕）も反響を呼び、数多くの外国語に翻訳されました。

ホロコーストを扱った記録では、とりわけナチス親衛隊が振るった非人間的な暴力や、強制収容所に存在した極限的な状況が強調されることがあります。しかし本書では、これら過激な描写は、意図的にと言っていいほど省かれており、対談者たちの回想は、戦争後に彼らが直面しなければならなかった生活再建の難しさをより強調していると思われます。実際にアンドレとポールは、前夫

（つまり彼らの父親）が亡くなると、すぐに再婚した母親に嫌悪感を抱いています。マドレーヌとジョゼフ、それからポレットが語っているのは、父親が亡くなった後に、母親が彼らのおじと再婚するという不条理な状況です。ラファエルは、アウシュヴィッツ強制収容所から帰還した父親からの虐待と妹の統合失調症に悩み、ジャンと彼の妹は、引き取ってくれたおばとの不仲に悩みます。そして、ラザールとロベール、エレーヌは、命を代償にしてまでも子供たちを救い出した両親に対して、罪悪感にも似た複雑な感情を打ち明けています。

戦争後に生き残ったユダヤ人の子供たちの人生は、アンネ・フランクのように戦争中に絶命した他の子供たちに比べて恵まれていたと断言できないことは、これら対談者たちの経験を見ればわかります。歴史家のレベッカ・クリフォードは『ホロコースト最年少生存者たち――１００人の物語からたどるその後の生活』（芝健介監修・山田美明訳、柏書房、二〇二一年）のなかで、ホロコーストを生き抜いた子供たちを理解するための中心的な概念を「トラウマ、証言、生き残り、沈黙」と要約しています。このような概念は、本書の対談者たちの経験にもはっきりと刻まれていますが、児童精神医学者であるクロディーヌ・ヴェグは、子供たちの自己喪失という問題を強調しています。シャルルは、父親を亡くした後の人生を「幸せになることに、いったいどんな意味があるのか、僕にはわからなかった」（二〇八頁）と言い表し、両親をふたりとも亡くしたジャンは、「どうして、僕は人生が楽しめないいんだろう。そう考えることがよくあります！　すっかり過去を忘れられるなら、他の人たちと同じように生きられたでしょう」（一七〇頁）と語っています。他にも戦争中の記憶を忘れ去り、あえて沈黙を選んだ証言（おもにアンドレ、ポール、サミュエル、ポレット、シャルル、ミリアム、モーリス、ソーニャ、エレーヌ、コレット）も数多く挿入されています。

精神医学の論文として書かれた本書は、対談者たちが被った心の傷《トラウマ》と自己喪失からの回復という問題にも触れています。心理学者であり、またダッハウ強制収容所の生き残りでもあるブルーノ・ベッテルハイムは、対談者たちは両親の死を語りながら服喪を捧げ、死別の悲しみを乗り越えようとしていたと分析しています。ベッテルハイムはこのように記しています。「対談に参加した人たちにとって、この本は拒絶と抑圧の努力を終わらせるのに、最も重要な手段になっている。彼らは記憶を墓に横たえて、とにかく普通の生活を送れるようにするために、殺された両親の服喪という、長く延期されていた務めを始めた」（二四〇頁）。

本書の最後に登場するロベールは、強制連行された家族五人の死を語りながら、彼らが埋葬されている場所を夢のなかで見つけたと語っています。そして彼は、イスラエルに渡った娘に夢を託し、母親の遺言に励まされて迫害を生き抜いたことを回想しています。ベッテルハイムが言うように、対談者たちが普通の生活を取り戻すには、服喪に身を捧げながら、心の奥にまで抑圧した死者たちの姿《イメージ》を昇華する必要があったでしょう。本書の結末を彩っているかすかな希望の光は、確かに対談者たちの自己喪失からの解放をほのめかしていますが、そこには何よりも、著者のクロディーヌ・ヴェグが彼らに寄せた共感が反映されていると思わずにいられません。

この対談集は、フランスでナチスドイツ占領時代を過ごしたユダヤ人たちの生活史としても貴重な価値を持っています。一七名の対談者たちは、危険を冒してまでも彼らをかくまってくれたホストファミリー、越境協力人《パスウール》、その他の抵抗運動《レジスタンス》の組織のおかげで、生存が保障されました。これらフランスの民間人たちが実践した勇気ある抵抗運動は、彼らとユダヤ人とのあいだに生まれた強い連帯を物語っています。しかしその反面、サミュエルは彼の家族全員が抵抗運動の闘士《マキザール》たちから粛清に巻き込まれそうになったことを語り、またエレーヌとルイーズは、彼女たちをかくまった農夫たちから人質に取られました。コレットは家族の財産を着服したフランス人警官の愚行を暴き、またロベールは、ユダヤ人の子供たちに改宗を迫った、カトリックの司祭の欺瞞的な行為も口にしています。

歴史学者のティモシー・スナイダーは、二〇一五年に刊行した『ブラックアース』（池田年穂訳、慶應義塾大学出版会、二〇一六年）のなかで、フランスの外国系ユダヤ人は、市民権を持っていたユダヤ人と比べて、一〇倍もの確率でアウシュヴィッツ収容所に送られたことを例証し、フランスのホロコーストとは、「外国系ユダヤ人に対する犯罪」だったと明言しています。こうした例証に漏れず、著者のクロディーヌ・ヴェグと本書で登場する対談者たちのほぼ全員が、東欧系ユダヤ人に属していることは、けっして軽視できない問題であると思われます。

本書の名前を初めて知ったのは、知人である作家マリアンヌ・ルビンシュタインの『今は昔』（Marianne Rubinstein, *C'est maintenant du passé*, Verticale, 2009）という作品を読んでいた時のことでした。なおアウシュヴィッツ収容所で祖父母を亡くした彼女は、本書の構成をお手本にしたフランスのホロコースト第三世代の対談集『みなは孤児になるわけではない』（*Tout le monde n'a pas la chance d'être orphelin*, Verticale, 2002）の著者としても知られています。日本に帰国してから、マリアンヌの作品よりも本書の内容に惹かれ、出版する予定もないまま翻訳を始めました。あれから一〇年以上が経ちました。そのあいだ、訳者は父母を失うことになりました。対談者たちが経験した悲劇に自分をなぞらえるつもりはありませんが、両親の死という現実について、本書から多くのことを教わりました。蛇足となりますが、在住していたモーリタニア・イスラム共和国が、隣国マリで起きた戦争に巻き込まれ、テロと戦乱が足元に迫っていた時にも、本書を訳していました。ヌアディブの澄んだ海と砂漠を眺めながら家族との再会を想い、それが無理ならば、本書の訳を遺したいとまで考えていました。

クロディーヌ・ヴェグは「序文」のなかで、この対談の執筆を諦めかけたことを振り返っていますが、それと同様に、本書の翻訳も容易なものではありませんでした。著者を含めた一八名もの「かくまわれた子供」たちが被った迫害の記憶を共有することは、とても大変でした。それでも、対談者たちの声が少しでも響いてくる訳文となることを目指しました。訳者がそれに成功したとは、とても言えませんが、原著を朗読しながら、対談者たちそれぞれの語り口を想像し、訳文を何度も練り直しました。

本書の副題は「ホロコーストの子供たちは語る」としました。正確には「被収容者たちの子供たちが語る」(Des enfants de déportés parlent) という訳になりますが、本書でも紹介されているヘレン・エプスタインの書名(『ホロコーストの子供たち』)に倣い、こちらの副題にしました。ベッテルハイムによる「解説」については、英語の原文を見つけることが困難だったため、原書に掲載されていた仏語訳(訳者はクロディーヌ・ヴェグとルイ・エヴラール)を重訳する形で行いました。その後、ロス・スチュワーツによる本書の英訳版(*I didn't say goodbye*, Caliban Books, 1984)を入手すると、巻末に掲載されていた「解説」の原文を確認し、手直しをしました。そしてベッテルハイムは、この「解説」を大幅に書き直した「ホロコーストの子どもたち」(Children of the Holocaust)という論文(森泉弘次訳『フロイトのウィーン』所収、みすず書房、一九九二年)を発表しています。本書の英訳版と森泉氏による翻訳文献は、貴重な資料として参照しました。

訳注の作成にあたっては、*Dictionnaire historique de la France sous l'Occupation*, Tallandier, 2000(『占領下におけるフランスの歴史事典』タランディエ社、二〇〇〇年)、*Dictionnaire de la France sous l'Occupation*, Larousse, 2011(『占領下フランス事典』ラルース社、二〇一一年)、*Dictionnaire historique de la Résistance*, Robert Laffont, 2006(『抵抗運動の歴史事典』ロベール・ラフォン社、二〇〇六年)、Fabrice Grenard et Jean-Pierre Azéma, *Les Français sous l'Occupation en 100 questions*, Tallandier, 2016(ファブリス・グルナール、ジャン=ピエール・アゼマ『占領下のフランス人たち百の質問』タランディエ社、二〇一六年)をおもに参照しました。また邦訳文献としては、ジャン・デフラーヌ『ドイツ軍占領下のフランス』(長谷川公昭訳、白水社文庫クセジュ、一九八八年)、ジャン・

ドフラーヌ『対独協力の歴史』(大久保敏彦、松本真一郎訳、白水社文庫クセジュ、一九九〇年)、ウォルター・ラカー編『ホロコースト大事典』(井上茂子、木畑和子、芝健介、長田浩彰、永岑三千輝、原田一美、望田幸男訳、柏書房、二〇〇三年)、マルサ・モリスン、スティーブン・F・ブラウン『ユダヤ教』(秦剛平訳、青土社、一九九四年)、渡辺和行『ナチ占領下のフランス――沈黙・抵抗・協力』(講談社選書メチエ、一九九四年)、菅野賢治『フランス・ユダヤの歴史』(慶應義塾大学出版会、二〇一六年)などを参照しました。

本書で語られている、ユダヤ人への迫害がフランスで行われてから、八〇年にも及ぶ歳月が経ちました。そして「ユダヤ人」や「ヴィシー」、「ドランシー」という概念は、かなり前からフランス国民が記憶にとどめるべき「集合的記憶」であると見なされるようにもなりました(ピエール・ノラ編『記憶の場――フランス国民意識の文化=社会史』第一巻対立　谷川稔監訳、岩波書店、二〇〇二年)。しかし、対談者たちが語った親子の引き離しや、収容所への強制連行、虐殺や収容死の世界は、もはや過去のものではなくなりました。日本でも、戦争が勃発する可能性は、日を追って現実的に論じられるようになりました。また目を覆いたくなる排外的な意見が、当たり前のことのように飛び交うようにもなりました。

ホロコーストの経験を忘れるな、「歴史の教訓」を子供たちに残せ、あるいは日本の戦争加害者としての責任を自覚せよ、と訴えることは浅学な訳者の手に余ります。しかし四〇年以上も前に、クロディーヌ・ヴェグは「断末魔の叫びを聞き、ある民族の壊滅と全面的な殲滅に向かって闘った者は、どうして全世界に、わずかしかいなかったのだろう?」（一二八頁）と書き、ユダヤ人被収容者の子供たちの証言を「『死文』のままにしてはならない」（二五頁）と問いかけています。この著者のメッセージは、ますます意味を増していると思われます。

たとえ生き残ることに成功して、生活を再建できたとしても、あのような事件が起こった後に、失われてしまった世界と人間を取り戻すことは不可能です。国籍を問わず、近代戦争を批判したあらゆる証言は、本書と同じ問いを残しています。そういった意味で、「私はさよならを言わなかった」という嘆声は、あの当時、フランスで迫害を受けたユダヤ人の子供たちだけに限らず、戦争で深い喪失を被った人たち全員に共通する声でもあるはずです。

本書の刊行は、吉田書店の吉田真也氏のご尽力により実現しました。発行年数が古いのにもかかわらず出版を快諾していただき、校正作業や実務面でも細かく気を遣ってくださった吉田氏にお礼を申し上げます。フランスのホロコースト問題に大きな関心を払っている同書店から、本書を上梓できましたことを大変、喜ばしく思っています。刊行に際してお世話になった方々にも、この場を借りて心からお礼を申し上げます。

二〇二三年一〇月

矢野　卓

# 関連年表

一九四〇年

| | |
|---|---|
| 六月一〇日 | ドイツ軍がフランスを侵略。 |
| 六月二五日 | 仏独休戦条約。フランスがふたつの地域に分割される。<br>ドイツ軍はフランス北部地帯を占領。ペタンはいわゆる「非占領地域」あるいは「自由地域」と言われる、フランス南部地帯にあるヴィシーに政府を定める。 |
| 七月一〇日 | ペタンが「フランス国主席」と首相になる。副首相はピエール・ラヴァル。 |
| 七月〜八月 | 「ドリオ主義者」と言われる圧力団体（一八九頁傍注（1）参照）が、ユダヤ人たちが経営する商店を襲撃する。これらの煽動は、ドイツ軍によって取られた措置の必要性を示すために実行された。 |
| 七月一五日 | ユダヤ人が所有する美術品や文書記録について、ドイツ軍の最初の命令が下される。 |
| 七月一六日 | アルザス＝ロレーヌ地方に住んでいたユダヤ人たちが自由地域へ追放される。 |
| 七月一七日 | ユダヤ人を筆頭に立てて攻撃した、公職についての制限的な法案が公布される。 |

| | |
|---|---|
| 七月二二日 | 一九二七年八月より後に認められた帰化が見直される。 |
| 七月二三日 | ユダヤ人の財産をフランス国民援助のために処分することを想定したヴィシー法が、その権利の確保を望んでいたドイツ軍から拒否される。 |
| 八月一九日～三〇日 | ドイツ軍は侵略を逃れたユダヤ人が自由地域へ戻ることを禁じ、彼らに人口調査を課すことを告知した。 |
| 八月二七日 | 急進的な思想および宗教に関する過剰な報道を処罰した、一九三九年四月に可決されたマルシャンドー法が廃止される。 |
| 九月二七日 | ユダヤ人の人口調査と財産調査を想定したドイツ軍の行政命令が下される。地区警察署で作成されたカード原本の写しが、ゲシュタポに移送される。 |
| 一〇月 | 占領地域に住むユダヤ人たちに警察署で身分登録し、身分証明書に「ユダヤ人」という判を捺印するように命令が下される。 |
| 一〇月三日 | ヴィシーが「ユダヤ人の身分規定」を公布する。（旧戦闘員を除く）ユダヤ人は、管理職（行政、司法、警察、軍隊、教育など）から追放される。ユダヤ人は、新聞やラジオや映画などの報道機関において、いかなる責務も実行できなくなった。<br>三名のユダヤ人の祖父母を持っているか、一名のユダヤ人の配偶者と二名のユダヤ人の祖父母を持っている者が、ユダヤ人と見なされることになった。 |
| 一〇月四日 | 法律によって外国籍のユダヤ人を専用の収容所に監禁することや、居住地に割り当てることが県知事に認められる（七月二二日に、帰化を失ったユダヤ人たちがこの中に含まれる）。 |
| 一〇月七日 | アルジェリアのユダヤ人は、一八七〇年のクレミュー法によって認められていたフランス国籍を奪われる。 |
| 一〇月一八日 | ユダヤ系の企業において管財人たちが任命される。 |

| | |
|---|---|
| 一〇月二四日 | モントワールでペタンとヒトラーが会見する。フランスとドイツの「協力」の原則が採択される。 |

一九四一年

| | |
|---|---|
| 三月二九日 | ヴィシー政府がユダヤ人問題総合委員会を設置する。委員長はグザヴィエ・ヴァラ。 |
| 四月二六日 | 占領地域において、ユダヤ人たちが経済活動を行うことが禁止される。ユダヤ系の企業に任命された管財人たちは、アーリア人に企業を売却するか、それを清算する権利を持っていた。 |
| 五月一一日 | フランスでアイヒマンの部下を務めていたナチス親衛隊の司令官ダネッカーは、ユダヤ人問題研究院とその付属機関、（威嚇活動、反ユダヤのポスター、ビラの作成を行う）研究院の友の会を設置する。 |
| 五月一三日 | 数百名の警官たちが、のちに「緑色の紙」と呼ばれる招集状をパリに住むユダヤ人たちに手渡す。 |
| 五月一四日 | パリでフランス警察に逮捕された、何千名もの外国籍を持つユダヤ人たちがボーヌ＝ラ＝ロランドか、ピティヴィエに収容される。一斉検束は引き続き自由地域においても行われた。 |
| 六月二日 | 六月二日法。あらゆるユダヤ人が管理職から追放される。民間企業においても、ユダヤ人は多くの職種から締め出される。人口調査が自由地域にも広がる。「ユダヤ人」の判を身分証明書と配給通帳に捺すことが義務づけられる。 |
| 六月二二日 | ドイツがソ連を侵攻する。 |
| 八月一一日 | アルジェリアにおいて、定員制限《ヌメルス・クラウズス》（弁護士には、先立って制定されていた）が、医師や大学、または学校のあいだにも広がる。 |

| | |
|---|---|
| 八月二二日 | ドランシー収容所がユダヤ人の収監を始めると、パリで一斉検束が行われる。 |
| 八月一三日 | 占領地域で、ユダヤ人が所有している無線受信機と自転車が没収される。フランス郵政省は、ユダヤ人の自宅に設置されている電話機を取り外すよう命令される。 |
| 八月二〇日 | （フランスの行政下で）ドランシー収容所を軍事刑務所とする最初の内部規約が提出される。 |
| 八月二一日 | パリの一一区で一斉検束が行われる。弁護士会に登録し、パリに住むユダヤ系弁護士たちが施設に収容される。 |
| 一〇月二日夜〜三日 | ドロンクルが率いるファシズム集団によって、パリにある六棟のシナゴーグが爆破される。 |
| 一一月 | ヴィシーはユダヤ人問題担当警察を設置する。西欧に住むユダヤ人たちを乗せた最初の列車がアウシュヴィッツに到着する。 |
| 一一月二九日 | ドイツ大使館とゲシュタポの要請により、ユダヤ人問題総合委員会の委員長だったグザヴィエ・ヴァラがフランス・ユダヤ人総連合（ＵＧＩＦ）を設立する。この連合はドイツやポーランドにある組織団体と同じように、ユダヤ人を統率するために考え出され、既存のユダヤ系の慈善団体を吸収した。 |
| 一二月七日 | アメリカが第二次世界大戦に参戦する。<br>パリ警察総監はユダヤ人が住居を変更することを禁止し、交通制限を実施することを命令する。 |
| 一二月一二日 | 影響力があり、知識人でもあった一〇〇〇名のユダヤ人が逮捕されたが、その大多数はフランス系ユダヤ人だった。一九四二年に、彼らはアウシュヴィッツに強制移送されることになる。 |

## 一九四二年

| | |
|---|---|
| 一月二〇日 | ベルリンにあるヴァンゼーで会議が開催され、ユダヤ人問題の「最終的解決」が調整される。ヨーロッパに存在するユダヤ人の絶滅が決定される。<br>ドイツ軍は強制収容所に移送する最初の活動のために、フランス警察の協力を得る。 |
| 二月七日 | 占領地域において、ユダヤ人は夜二〇時から朝六時まで外出を禁止するように命令される。 |
| 三月二七日 | フランス系ユダヤ人に対して、最初の強制収容所への移送が行われる。一九四一年一二月に逮捕された、一〇〇〇名ものユダヤ人の名士たちが死の収容所に送られる。 |
| 四月 | 一時的に影を潜めていたピエール・ラヴァルが支配力を増して、ヴィシー政府に復帰する。ラヴァルはドイツ軍とともに「協力」政策を一層強化した。 |
| 五月六日 | あまりに穏健だと判断されていたグザヴィエ・ヴァラが、ユダヤ人問題総合委員会の委員長職をダルキエ・ド＝ペルポワに委譲する。 |
| 五月二九日 | 占領地域において、六歳以上のユダヤ人は黄色い星のマークを「しっかりと衣服に縫いつける」ことを義務づける行政命令が出される。 |
| 七月一日 | アイヒマンがダネッカーと講演するために、パリを訪問する。アイヒマンは強制収容所への移送の速度を一週間につき三〇〇〇名（一両につき一〇〇〇名のユダヤ人を乗せた三両の車両が、ドランシーを出発する）まで増加するように勧める。 |
| 七月三日 | パリのロチルド病院に収容されていた病人たちが逮捕される。<br>ピエール・ラヴァルは、自由地域にいた一六歳以下の子供たちを強制収容所へ移送するようドイツ軍に提案する。 |

| | |
|---|---|
| 七月五日 | ダルキエ・ド＝ペルポワは、（立て続けの醜聞事件から廃止された）ユダヤ人問題警察に代わって、反ユダヤ主義を掲げる公的機関に「違反者たちを通報する」任務が課された「調査・監視部」を設置する。ユダヤ人の密告と告発が呼びかけられる。 |
| 七月八日 | 占領地域で、ユダヤ人は劇場やレストラン、公園施設などに通うことが禁止される。買い物は、一五時から一六時までのあいだに許可されることとなった。パリでドイツ軍への襲撃が立て続けに行われると、一〇億フランの罰金がユダヤ人たちによって支払わなければならなくなった（この罰金はフランス・ユダヤ人総連合が徴収した）。 |
| 七月一六日〜一七日 | ヴェル・ディヴの一斉検束。フランス警察はパリで一万二二八四名にものぼるユダヤ人の一斉検束を企て実行した。<br>ユダヤ人たちは、ネラトン通りにある冬季競技場に幽閉された。それから、ドランシーやボーヌ＝ラ＝ロランド、あるいはピティヴィエに連行され、七月二一日になるとすぐに強制収容所に移送された。初めて女性と子供たちが逮捕される(1)。 |
| 夏 | 子供たちを救助する率先的な行動が拡大する。フランスで子供たちをかくまい、あるいはスイスに移送するために列車が準備されることになる。 |
| 八月一〇日 | 自由地域で、一九三六年以降にフランスに移住したユダヤ人の一斉検束が行われる。ヴィシー政府は一万五〇〇〇名の外国系ユダヤ人をドイツ軍に引き渡す。 |

（1）Claude Lévy et Paul Tillard, *La Grande Rafle du Vel'd'hiv : 16 juillet 1942*, Paris, Éditions Robert Laffont, 1967.（クロード・レヴィとポール・ティラール『ヴェル・ディヴの一斉検束――一九四二年七月一六日』パリ、ロベール・ラファン社、一九六七年）を見よ〔原注〕。

| | |
|---|---|
| 九月二五日 | 週刊誌『ジュ・スュイ・パルトゥ』で、作家のロベール・ブラジヤックは、（トゥールーズ大司教のように）、ユダヤ人への暴行と親と子供たちの引き離しに反対した者を非難した。「われわれは、それに同意しないための心づもりはすっかりできている。なぜなら、ユダヤ人をひとまとめにして分離させなければならないし、子供たちを保護する必要もないからだ」 |
| 一一月八日 | 連合国軍が北アフリカで上陸作戦を行う。 |
| 一一月一一日 | ドイツ軍とイタリア軍がフランス全土を占領する（イタリア軍はローヌ県の東部を占領）。フランス系ユダヤ人と外国籍を持つユダヤ人の逮捕と強制収容所への移送が行われる。 |
| 一二月一一日 | フランス国内全域において、ユダヤ人に身分証明書と配給手帳に「ユダヤ人」という判を捺印させる義務が法的に課せられる。 |
| 一二月二〇日 | アルプ＝マリティーム県の県知事が外国籍を持つユダヤ人の追放を決定する。イタリア軍はこの決定に反対することになり、ユダヤ人たちを彼らの統制下に置く。ユダヤ人たちはニースを立ち去ったが、そのうち多くの者が逮捕された。 |

## 一九四三年

| | |
|---|---|
| | この年から、ドイツ軍とパリ警察庁はユダヤ人たちによって「放棄」された住宅を、フランス人とドイツ人たちに与えることになった。 |
| 一月三〇日 | ペタンとラヴァルがフランス民兵団を設立する。司令官はジョゼフ・ダルナン。この民兵団は政治的かつ警察軍事組織である。民兵団は抵抗運動の組織と戦うことになるが、ユダヤ人の一斉検束も実行した。 |

| | |
|---|---|
| 四月〜五月 | のちにユダヤ戦闘組織（タルンのマキ）となるユダヤ軍の義勇軍が創設される。 |
| 七月二日 | ドランシー収容所がドイツの行政下に移る。 |
| 七月二五日 | ムッソリーニが失脚する。 |
| 八月 | ユダヤ・ボーイスカウト組織がユダヤ戦闘組織（タルンのマキ）の支配下に置かれる。 |
| 九月八日 | ドイツ軍がイタリア全土の鉄道輸送を支配下に置く。<br>イタリア降伏。イタリアの占領地域（フランスの南東部）がドイツ軍の占領下に置かれる。<br>おびただしい数の一斉検束がフランス南東部で企てられる。 |
| 一二月三一日 | フランス民兵団の司令官ダルナンが国家警察の長官となる。 |

## 一九四四年

| | |
|---|---|
| 三月一五日・一八日・二四日 | （この時まで中立を保っていた）モナコ公国において、ユダヤ系の難民たちに対して一斉検束が行われる。 |
| 四月六日 | ドイツ軍はリヨンの近くにあるイジューの家から子供たちを奪い、強制収容所に移送する。 |
| 六月六日 | 連合国軍がノルマンディーで上陸作戦を行う。 |
| 八月九日 | ピティヴィエ収容所が解放される。 |
| 八月一三日 | 鉄道員たちが蜂起に立ちストライキを起こす（一三九頁傍注（1）参照）。 |
| 八月一五日 | 連合国軍とフランス軍がプロヴァンス地方で上陸作戦を行う。 |

| | |
|---|---|
| 八月一七日 | 強制収容所までの最終列車が出発した後、ドイツ軍はドランシー収容所を放棄する。 |
| 八月二五日 | パリが解放される。 |
| 一一月二六日 | いかなる証拠も残さないために、ヒムラーは絶滅収容所にあったガス室を破壊させる。 |

## 一九四五年

| | |
|---|---|
| 五月八日 | 休戦条約が締結される。 |
| 四月〜五月 | 生存者たちが絶滅収容所から帰還し、パリにあるホテル・リュティシアで迎えられる。<br>七万五七二一名のユダヤ人がフランスから強制収容所に移送されたが[2]、戻ってきた者は二五〇〇名に過ぎなかった。 |

（2）この最小限の数字は、S. et B. Klarsfeld, *Le Mémorial de la déportation des juifs de France*, Paris, 1978.（セルジュとベアテ・クラルスフェルド『フランスで強制収容所に移送されたユダヤ人たちの回想録』パリ、一九七八年）のなかで挙げられていたものである〔原注〕。

著者紹介

## クロディーヌ・ヴェグ（Claudine Vegh）

出生地と生年月日は未詳。児童精神医学者。
1930年代前半、東欧系ユダヤ人としてフランスで生まれる。1940年から始まったドイツ軍占領中、フランス南西部サン＝ジロンで里親にかくまわれている時に、迫害によって父親を失う。精神医学の学位取得のために執筆した学位論文の一部を『私はさよならを言わなかった』（Je ne lui ai pas dit au revoir）と改題し、1979年にガリマール社から刊行する。ユダヤ人被収容者の子供たちとの対談を収めたこの著作は、第二次世界大戦中のフランスで、反ユダヤ主義の迫害を被り、孤児となった子供たちの証言集として読み継がれており、現在までに英語、ドイツ語、イタリア語に翻訳されている。著者はこの著作を除いて、際立った著述活動を行っていない。

訳者紹介

## 矢野 卓（やの・たく）

1975年千葉県出身。トゥールーズ＝ル＝ミライユ大学（現ジャン・ジョレス大学）文学部第二課程修了、ナント大学文学部第三課程修了。博士（文学）。専攻は比較文学とフランス20世紀文学、国語教育。フランス語通訳として、2012年からモーリタニア・イスラム共和国に赴任した。訳書に『社会主義リアリズム』（白水社・2018年）、論文に「国語・文学教育のこれから——教室からの返信」（『日本文学』2021年9月号）がある。

私はさよならを言わなかった
ホロコーストの子供たちは語る

2023年11月20日　初版第1刷発行

著　者　クロディーヌ・ヴェグ
訳　者　矢野　卓
発行者　吉田真也
発行所　合同会社 吉田書店
102-0072　東京都千代田区飯田橋2-9-6 東西館ビル本館32
TEL：03-6272-9172　FAX：03-6272-9173
http://www.yoshidapublishing.com/

装幀　野田和浩　　印刷・製本　藤原印刷株式会社
DTP　閏月社
定価はカバーに表示してあります。

ISBN978-4-910590-17-2

## 過去と向き合う——現代の記憶についての試論

**アンリ・ルソー 著　剣持久木／末次圭介／南祐三 訳**

集合的記憶、記憶政策、記憶のグローバル化の分析を通じて、歴史認識問題に挑む野心作。記憶をめぐる紛争はいかに解決されるのか。　3500円

## 共和国と豚

**ピエール・ビルンボーム 著　村上祐二 訳**

「良き市民であるためには、同じ食卓で同じ料理を食べなければならないのか」。豚食の政治・文化史を通してフランス・ユダヤ人の歴史を読み解きながら、フランスという国の特質を浮き彫りにする野心作！　2900円

## フランス政治危機の100年——パリ・コミューンから1968年5月まで

**ミシェル・ヴィノック 著　大嶋厚 訳**

1871年のパリ・コミューンから1968年の「五月革命」にいたる、100年間に起こった重要な政治危機を取り上げ、それらの間の共通点と断絶を明らかにする。　4500円

## 国家の歴史社会学　【再訂訳版】

**ベルトラン・バディ／ピエール・ビルンボーム 著**

**小山勉／中野裕二 訳**

「国家」（État）とは何か。歴史学と社会学の絶えざる対話の成果。国民国家研究の基本書が、訳も新たに再刊。第Ⅰ部＝社会学理論における国家、第Ⅱ部＝国家・社会・歴史、第Ⅲ部＝現代社会における国家・中心・権力　2700円

## 国民国家　構築と正統化——政治的なものの歴史社会学のために

**イヴ・デロワ 著**

**中野裕二 監訳　稲永祐介／小山晶子 訳**

歴史学と社会学の断絶から交差へと至る過程を理論的に跡づけ、近代国家形成、国民構築、投票の意味変化について分析。　2200円

## ミッテラン——カトリック少年から社会主義者の大統領へ

**ミシェル・ヴィノック 著　大嶋厚 訳**

2期14年にわたってフランス大統領を務めた「国父」の生涯を、フランス政治史学の泰斗が丹念に描く。口絵多数掲載！　3900円

## ジャン・ジョレス　1859-1914——正義と平和を求めたフランスの社会主義者

**ヴァンサン・デュクレール 著　大嶋厚 訳**

ドレフュスを擁護し、第一次大戦開戦阻止のために奔走するなかで暗殺された「フランス史の巨人」の生涯と死後の運命を描く決定版。　3900円

---

定価は表示価格に消費税が加算されます。

2023年11月現在